理解

现实

困惑

See The Good

好品格大家族

可爱的"你好鸦"是我们的吉祥物。在好品格大家族中,我们拥有 26 只"你好鸦",它们分别代表了 26 种好品格,每一只都有一个有趣的名字。

合作鸦　创造鸦　热情鸦
幽默鸦　恻隐之心鸦　感恩鸦

好学鸦

爱心鸦

希望鸦

公平鸦

坚持不懈鸦

善良鸦

勇气鸦

社会智力鸦

好奇鸦

自律鸦

本书中介绍了 16 种对学龄期儿童青少年尤为重要的品格优势。如要了解全部 26 种品格优势及配套卡片，请关注公众号"心理经纬度"并回复"好品格"。

爱心鸦

好学鸦

希望鸦

公平鸦

坚持不懈鸦

诚实鸦

勇气鸦

合作鸦

好奇鸦

坚毅鸦

谦虚鸦

社会努力鸦

善良鸦

宽容鸦

判断鸦

感恩鸦

审美鸦

幽默鸦

灵性鸦

热情鸦

自律鸦

洞察鸦

创造鸦

领导力鸦

恻隐之心鸦

谨慎鸦

See The Good

How to guide children and
adolescents to find their character strengths

看见好品格

培养有持续幸福力的孩子

Lotta Uusitalo Kaisa Vuorinen
[芬兰] 洛塔·乌西塔洛 凯萨·沃瑞宁 著 / 杨静 牛双红 译
中芬联合学习创新书系 王君 主编

中国纺织出版社有限公司

推荐序

成功才是成功之母

作为一名心理学教授，我时常被问及教育与儿童心理发展的问题。在这个充满挑战与机遇的时代，我们对于培养下一代的期许与责任更加迫切而深刻。然而，我们往往发现自己在面对孩子的成长时无所适从，困惑于如何引导他们成为更好的自己。

"失败乃成功之母"，这句格言常被无数人视作教育的金科玉律。然而，我们是否真正深思过：孩子们只有在失败中才能找到成功的种子吗？作者在本书中挑战了我们已有的认知和过去的实践方式——失败不是必要的，成功并不总是需要以痛苦和挣扎为代价，"成功才是成功之母"。正是在这样的启发下，我们才能够重新审视教育的本质，以全新的视角来培养孩子。

在《看见好品格》一书中，作者以芬兰积极心理学实践为基础，系统总结了一套科学、实用的幸福教育方法。她们以丰富的案例和教学经验，将抽象的理念转化为可操作的策略，让家长和老师们可以在实践中看见立竿见影的效果，使本书在幸福教育领域中独具价值。所谓的"看见好品格",并非仅仅停留在表面的赞美和鼓励,更重要的是对孩子内在优势的发现与引导。

  本书中可爱的吉祥物"你好鸦",也非常受孩子们的喜欢。一只优势鸦代表了一种品格优势,能够让孩子们在轻松愉悦的游戏中,玩出好品格,玩出幸福力。

  "看见好品格"优势品格教育项目,已经在世界各地的几十所小学和幼儿园设立试点,累计培训了30000名教育工作者,如今它也将在北京师范大学中芬联合学习创新研究院的推动下,落地中国。希望中国的儿童青少年,发现自身优势品格,获得陪伴终身的幸福力。

刘嘉教授

于清华大学心理与认知科学系

推荐序

好孩子，是什么样的？

作为一名教育工作者，我一直在思考教育的本质这个永恒的话题。教育的本质当然是培养人，这个判断并没有太大的争议，但关键问题是教育应该把孩子培养成什么样的人？长期以来，学校教育过于功利化，过分强调知识、技能的传授，过分强调孩子的考试分数，把学习好作为人才培养的主要目标。实际上，知识、技能只是人的发展的一部分，除了知识与技能，人的发展还包括身体、智力、道德、人格、情感、精神、好奇心、创造性等更多、更丰富的内涵。

教育的本质不是培养听话的好孩子，也不仅仅是满足职业需要的学习好的孩子。更重要的是他们对周遭世界始终充满好奇心和探索欲，他们热爱生活、内心美好、精神丰盈；他们乐观豁达、富有爱心和同情心，富有社会责任感；他们自尊自信、积极向上、生命中充满阳光。

我们为什么需要幸福与积极的教育？

众所周知，我国传统的家庭教育和学校教育有一个突出特点，就是老师和家长"望子成龙""望女成凤"心切，经常分析和指出孩子的不足、问题，忽视孩子的进步和长处。在这样的成长环境下，儿童青少年会更多地看到自身的不足，更容易受其他人评价的影响，被"卷"在教育和成长的负面漩涡中备受煎熬，甚至产生心理障碍。而要恢复一个孩子的心理韧性和灵活性，则需要心理咨询师、治疗师花费更多的时间帮助他们。

进入21世纪以来，积极教育（Positive Pedagogy）逐渐发展起来，成为积极心理学研究的一个主要研究领域，与传统的教育关注孩子的问题、缺点、错误、失败等消极的心理体验不同，积极教育关注每个孩子的优点和成功。

芬兰积极教育专家凯萨·沃瑞宁和洛塔·乌西塔洛经过长期的科学研究和8年的实践探索，形成了一套具有实践意义的"好品格"幸福教育方案，证实了其在孩子提升自信心、发现学习的乐趣、学会相互尊重等方面的显著作用。通过践行"好品格"幸福教育方案，可以帮助儿童和青少年发现自己的力量优势、独一无二的特征优势以及成长优势，而且参与项目的教师们也可以体会到幸福感。

在教育过程中，家长和老师要善于发现孩子的这三类优势并且把品格优势教育融入日常生活中去。两位专家还详细介绍了16种尤其适合儿童青少年养成的好品格，包括坚持不懈、感恩、创造力、好学、勇气、团队合作、社会智力、希望、好奇心等，让幸福与优势教育有了最佳实践工具。

让更多儿童青少年受益

我也很开心地看到和我合作多年的同事，王君教授、杨静博士、牛双红博士，出于教育工作者的社会责任感，将这套幸福教育方案翻译为中文出版，让更多的家长、教师以及儿童青少年成长环境中的成人了解、践行这种理念和实用方法，共同促进儿童青少年身心的健康发展。

凯萨和洛塔两位专家不仅在芬兰的教育体系中推广积极教育，还在不同文化间进行了应用探索。截至目前，她们共培训了全球约3万名教育工作者，使无数的儿童青少年受益其中。我在此也诚挚地向国内的家长、教师，乃至对自我成长有要求的成人们推荐这本书，愿更多人积极改变旧有的思维模式，创设积极的成长环境，助力儿童青少年身心健康，也让自己体验更多的幸福感。

刘宝存教授

于北京师范大学国际与比较教育研究院

译者序

"好"需要被关照，
优势应该被看见

有机会跟北京师范大学心理学部的老师们一道参与这本书的翻译工作，于我来说是莫大的荣幸。本书的两位作者都是我在芬兰赫尔辛基大学教育科学学部的同事。早在几年前我就了解到她们"将积极心理学应用到教育和教学中的研究"取得了不菲的成就。在很多芬兰学校的教室里都可以看到有关她们的研究理念和教育方法的海报。我参加过她们的教学工作坊，也读过她们撰写的著作和文章，我也经常将她们的方法用到我的教学和生活中，并获益匪浅。因此，有机会把她们关于积极教育的理念和方法介绍到中国，令我欣喜不已。

"孩子有什么缺点？孩子哪里做的不好？"

从小学一路读到大学，我接受的是完整的中式教育。大学毕业后有幸来到芬兰取得理工科硕士和博士学位，并与我先生在芬兰生活工作了三十多年。我的两个女儿在芬兰出生长大,目前正在这里读大学。

在我大女儿刚刚上小学的时候,有一件事给我留下了深刻的印象。芬兰小学有一个传统,每学期每个孩子的家长都会被班主任老师邀请到学校进行一次一对一的面谈。通常是家长和班主任老师一起来回顾这个学期孩子的学习和进步。记得我第一次被老师邀请到学校见面的时候,我问出的第一句话就是:"老师,我的孩子哪儿做得不好?她有什么缺点?"

直到今天我都清楚地记得老师当时的奇怪表情。他可能第一次遇到这样的家长,一上来就问自己孩子的缺点。他看了看我和我的女儿,说道:"嗯,我们先来谈一谈孩子的优点吧,看看孩子在学校有哪些方面做得不错。"整个面谈过程中,老师一直在夸赞我女儿的各种优点,以及在学校取得的进步。我一边听着老师对孩子的称赞,一边在心里嘀咕:"咦,开家长会难道不是要讨论孩子的不足之处吗?不是该关注孩子需要提升的部分吗?"这个疑惑始终存在我的心里,直到第二次面谈在面对另一位老师时,我忍不住问了同样的问题:"老师,我很想知道我的孩子有什么不够好的地方。您告诉我,作为家长,我们一定会努力帮助她改进的。"这位老师看着我说出了同样的话:"让我们来说说孩子的优点吧。看看她的长处,以及她做得好的地方。"整个谈话都在非常美好的氛围中进行。老师慷慨地称赞了孩子的各种优点,并向我们举了很多具体的例子。孩子在旁边听得特别开心,我们也特别开心。不过,我的心里一直有个不解之谜:芬兰学校的家长会怎么这么奇怪,老师只说孩子的优点,不说孩子的缺点？

需要被关照的，是我们的"好"

那个时候，我还在IT企业里工作，对芬兰教育的理念不甚了解，尤其对芬兰基础教育及其教学方法都没有什么概念。直到后来我进入赫尔辛基大学专门学习教育专业，在做教育学博士论文的时候，接触到积极心理学以及积极教育的应用，看到积极教育的理念和方法如何提升孩子们的学习动力、激发孩子们的学习积极性以及培养孩子们对学习的热爱。

在翻译这本书时，有一句话给我留下了深刻的印象："坏"会关照自己，"好"需要被关照（THE BAD WILL LOOK AFTER ITSELF, THE GOOD NEEDS LOOKING AFTER）。基于生存的需要，我们的大脑往往习惯于关注不好的信息。但是身处现代社会，没有被剑齿虎吃掉的生存危机，我们需要更多地去关注"好"的方面，关注我们的优势、强项，看到自己擅长的技能，以及已经取得的进步。而这种提升幸福感的思维模式和能力，是一种需要刻意练习才能掌握的技能。而将这本书引入中国的初衷，也是希望能够给中国的教育工作者和养育者一些工具，能够在我们的教育和养育中学会关注孩子们的优势、强项和他们的进步，为孩子们赋予获得持续幸福的"心动力"。

我注意到在芬兰的教育系统里，从学前、小学到初中，特别注重孩子们学习动力、学习积极性和自我效能感的培养，提出"自我决定论"的心理学教授爱德华·德西和理查德·瑞安认为，我们每个人都天然地要求成长和发展。人类终其一生都在学习，属于我们内在系统的一部分。换句话说，好奇和学习新事物是每一个人的本能。小孩子一生下来就自动地开始学习，他们带着极强的好奇心，去探索身边的世界——学习吃饭、走路，探索身边的人和事。芬兰鼓励孩子保持这种学习的热情和对事物的好奇心，最有效的方法之一就是关注优势、成长与进步，让这些优势服务孩子的学习和发展，提升孩子学习的动力。

这本书不仅给出了很好的教育思维模式，告诉我们该从什么角度看待孩子，理解教育，更给出了很多可以直接运用到生活和教学中的具体方法，无论是家长还是学校的老师，都可以学到很多立竿见影的办法。在我授课的过程中，我经常会问他们一个问题："你们希望你们的孩子现在或者未来成为一个什么样的人？"他们的回答往往是："我希望他们成为快乐的人。我希望他们成为身心健康的人。我希望他们有善良的品格，是有能力的人，是勇敢的人……"这本书恰好提供了很多具体的方法，让我们有可能在家庭环境里、在学校环境中，培养拥有美好品质、健全人格的人，能够终身学习的人。我希望更多的教育工作者和家长，甚至企业的领导者们都能从本书中得到启发，使用本书中的一些方法和理念共同创造充满"好"与优势的幸福空间。

我也为自己立下了今年的新目标：看到自己和他人的优点，欣赏自己和他人的优势，慷慨鼓励身边的人，让这些优势构建我们的生活，并影响更多的人。真心希望借助这本书的出版，推动"好品格"幸福教育在学校和家庭的行动，助力我们的孩子开启自我发现的旅程，挖掘和培育他们的优势品格，共同创建幸福美好的未来！

牛双红

于芬兰赫尔辛基大学教育科学学院

前　言

为什么要发现品格优势？

作为儿童青少年的养育者，我们有责任教会他们相应的知识和技能，将他们培养成更加幸福、有价值感的更好的自己。但是如果出现这样的情况：这些知识从来没有被应用到生活中去；或者缺乏勇气和坚毅的品格去为了共同目标而实践它们；或者缺乏自我管理能力，在第一次受挫时就一蹶不振、犹豫不决……那么，学会这些知识和技能也是没有意义的。家庭与学校不仅是孩子们生活与学习的地方，还应该能够助力孩子们品格的成长。

知识、技能与个体的品格、成长密切相关，不可能完全在真空的环境中培养和掌握，学业成长也需要非认知能力的参与，比如学习动机、好奇心、自律和坚持不懈等能力。

各种研究表明，一个拥有显著品格优势的人更有可能在生活的各个方面取得成功：显著的品格优势能够预测幸福感；更健康和长寿；拥有积极的人际关系和成功的事业。而持续的幸福感往往与创造力、坚毅、信任、乐于助人和善于社交等品格联系在一起。特别是那些认识到自己的优势，并知道如何将优势转化为有用资源的人，更容易在生活中获得令人满意的、积极的结果。

积极教育：行之有效的方案

积极教育（positive pedagogy）的目标是让每一个学习者（不只是孩子）逐渐提升对自身拥有的能力的认知。让学习者不会觉得自己是一无是处的，而是感到自己是有能力的。家庭和学校有责任帮助儿童青少年充分发掘其潜力、凸显其个人优势。这并不是仅仅给予他们单调而无意义的表扬，而是应该根据实际观察、有意识地强调他们的优势。

积极教育的具体目标是预防和促进。在预防方面，家长和教师可以通过各种方式培养孩子们强大的品格优势，这并非是指让孩子们经历生活艰辛和压力，而是向儿童青少年提供工具，提升他们的心理韧性。这样他们就有能力保持清晰的头脑，面对困难或危机。这种"使其有能力"的方式，意味着家庭与学校不仅仅是一个教育之地，还是一个积极互动和成长的聚宝盆，让孩子与成人一起实现蓬勃发展。鼓励式反馈、发现自己的品格优势、学会在实践中坚持不懈并乐在其中，这些教育主题终将为儿童青少年开启美好的未来。

2015年初，我们第一次在芬兰埃斯波（Espoo）开展品格优势教育项目

("好品格"项目），共有100名五年级和六年级的孩子（11~12岁）参与（Vuorinen & Uusitalo-Malmivaara, 2015）。此后，凯萨老师在课堂上为需要特殊帮助的孩子开展深入的积极教育。到目前为止，凯萨老师和洛塔老师已经培训了超过30000名教育工作者，让他们了解积极教育的原则和从品格优势出发的教育方法。我们的工作激励了越来越多的教师和家长，他们将知识付诸实践，并发展出有自己特色的儿童青少年品格优势教学法——"好品格"优势教育法。

"看见好品格"的行动

早期开设的试点课程取得了不错的成绩，这让我们备受鼓舞，决定继续发展品格优势培训，并普及给更多的人。我们观察到孩子自信心的增长，体验到更多安全感，相互尊重的意识得到提高，孩子们发现了学习的乐趣。参与优势干预的教师对这门课程也热情高涨，甚至呼吁增加培训机会。老师们反馈，参加培训后自己的身心健康水平也提升了（Vuorinen et al., 2018）。

自本书于2016年在芬兰第一次出版，品格优势教育法持续活跃在实践中。我们不仅在芬兰各地巡回教学，还把积极教育理念和方法带去了更多的国家。2019年，我们与泰国清迈的洞克拉（Tonkla）学校签署了长期合作协议。

我们的吉祥物"你好鸦"已经飞入了更多的学校和托儿所，并拥有了属于自己的练习指导手册，很多研究者（如 Erikivi, 2017; Ollikainen, 2017）和教育者都受到了启发。在芬兰创新基金会的"100个解决方案"挑战赛中，我们的创新成果"积极简历"（Positive CV）赢得了一等奖，这是积极教育发展的里程碑。现在品格优势教育法开始沿着网络飞行。2019年，我们的数字服务已进入测试阶段，可以为世界上所有的教育者提供品格优势教育法相关的素材，让大家参与这场"看到好品格"的行动。

品格优势教育无疑是成功的。目前为止，我们遇见的孩子、教师和家长，都认可要把他们的注意力转向人的品格优势。下面我们将列举一些体验过"好品格"优势教育法的11~12岁孩子的反馈。

Q：你会向谁推荐品格训练？

"推荐给那些想要以调皮获得更多注意的孩子们。通过训练，他们能学会更好地了解自己和他人，学会赞扬他人。他们还可以和不是真正互相了解，甚至有小过节的人成为好朋友。"

"品格优势训练对那些有点情绪低落或者行为散漫的孩子很有好处。对那些在班上喜欢搞笑，或者喜欢欺负别人的孩子，也有帮助。"

"品格优势训练能让容易伤感的人对生活乐观起来，因为他们将学会同理心和爱，这会让他们感觉更好。"

Q：在课堂上有哪些收获？

"我学会了更深刻地去看待事物。比如以前我看待某个人，只会觉得他没什么特殊的。现在想来，他其实是有闪光点的。如果我专门去寻找他的优点，会恍然发现他其实是个很勇敢的人，是个好人。"

"关于自律，我会想一想，这样做是明智的吗，或值得吗？我会重新思考应当对人大喊大叫、制造噪声，还是选择倾听比较好。"

"印入我脑海的是'爱'，可以对别人做些友爱的小事，这样会让你感觉非常好。另一个印入我脑海的是'同理心'，将同理心融入其中，也会让你感觉良好。"

参与这个训练项目的老师们也给出了令人振奋的评价。

"参加这个训练项目后，再给五年级的孩子们上优势课程是非常有收获的。我觉得这个项目特别重要。我希望学校能在学业之外，更加重视身心健康的训练。我觉得优势训练对班级氛围和孩子的身心健康都产生了巨大的积极影响。此外，这个项目为孩子们提供了一些工具，可以带孩子们展示美好的一面，也为老师和家长们提供了一些工具，引导孩子发展好的一面。在我们的课堂上有精彩的互动、美好的时光和热烈的讨论，这些教学内容都是对孩子未来和心理健康的投资，是积极融入社会的最佳途径。"

"这些课程帮助即将进入青春期的孩子学会更好地描述和表达自己的感受，尤其是他们不再忌讳'爱'这个词了。所有的孩子，尤其是男孩，他们的语言表达能力都得到了极大的提高。"

共同的旅程：体验积极教育的力量

无论你是教师、父母，还是图书馆职员，都可以成为一个优势品格的塑造者——去塑造所有与你有交集的孩子、年轻人和成年人的优势品格。优势品格的塑造无处不在，从交流的方式、行为的表现、控制自己的情绪，到鼓励他人付出行动，这些都可以塑造一个人的品格。建立在品格优势基础上，你向他人传递的期待以及你的想法和态度，都可以发掘他人潜在的、积极正向的能力。

通过教学发现品格优势并塑造品格，是成人和孩子们共同的旅程。孩子们会不停地观察大人的行为，将他们当做榜样来模仿。因此，如果我们对孩子有所要求，就要以身作则，将它们体现在自己的生活和工作中。正如积极教育的核心：关注积极的一面，用自身优势构建自己的生活，并展示给更多的人。

亲爱的读者们，欢迎开启自我了解的旅程。你们将认识自己的长处，体验积极教育赋予生活的力量，同时引导更多的儿童青少年发现自己的品格优势！

热忱的

洛塔·乌西塔洛（Lotta Uusitalo）

凯萨·沃瑞宁（Kaisa Vuorinen）

写于赫尔辛基

CONTENTS

目 录

Part 1
第一部分
幸福感是可以习得的

幸福感是可以习得的   2
"坏"会关照自己,"好"需要被关照   3
以积极心理学为基础   5
身心健康理论   7
优势文化   10

品格塑造提升身心健康   12
好品格的追溯   13
品格优势是什么?   17

可习得的品格技能　　　　　　　21

心理韧性　　　　　　　　　　　21
走出困境　　　　　　　　　　　22
互动中成长　　　　　　　　　　24
增强心理韧性　　　　　　　　　25

积极感受　　　　　　　　　　29

拓展视野　　　　　　　　　　　29
面对困难时的积极情绪　　　　　30
内部语言的重要性　　　　　　　32
强化积极的感受和内部语言　　　33

成长型思维　　　　　　　　　39

两种不同的思维模式　　　　　　39
为什么成长型思维如此重要　　　42
强化成长型思维　　　　　　　　43

Part 2

第二部分
聚焦品格优势

了解优势语言　　　　　　　　　51

发现品格优势 54
三类品格优势 57
力量优势 58
特征优势 59
成长优势 61

了解品格优势 62
坚持不懈 63
自律 73
恻隐之心 84
幽默 91
热情 98
感恩 106
创造力 113
好学 121
爱 127
公平 134
勇气 140
团队合作 147
社会智力 154
希望 163
好奇心 170
善良 177

Part 3
第三部分
践行品格优势

注重品格优势的实践	**186**
特殊学习者的特殊福利	**191**
品格优势的运用	**196**
整合品格优势训练：给教师	**202**
在语言课上开展品格优势训练	202
课堂活动清单 3-1	206
课堂活动清单 3-2	208
课堂活动清单 3-3：PERMA 模型	214
将优势教育融入日常：给家长	**216**

Part 1
第一部分

Well-Being Can Be Learned
幸福感是可以习得的

See the Good!
看见好品格

幸福感是可以习得的

每个人都渴望拥有健康幸福的一生。然而，开启幸福大门的钥匙是什么，却众说纷纭。

童年的幸福是由规范和爱、安全和接纳所滋养的。但这是一个过于宽泛的理想框架，生活在其中的孩子可能会因娇纵而无法无天，也可能遭到体罚和欺凌。相关研究发现，幸福感可以在逆境中被教授和习得。然而，幸福感的培养并没有被纳入幼儿教育或学校基础教育课程的体系中。人们通常认为，可以通过实现普适教育目标、掌握学习能力以及学业技能而获得幸福感。然而，统计数据表明，孩子们受排斥、自我感觉渺小以及心理不稳定等现象依旧存在，因此上述假设是错误的——社交能力和情感技能也需要通过学习来获得。

以问题为中心、专注于缺点的方法，并不能使人们获得持续幸福。现实情况是，在芬兰，几乎一半人终身都会受心理健康问题的困扰，大约 10% 的芬兰青少年曾被诊断为中度或重度抑郁（芬兰国家卫生与福利研究所，2019）。据联合国儿童基金会估计，全世界有 1/5 的青少年面临着心理健康问题（UNICEF，2015）。超过 85% 的芬兰父母认为心理不稳定和药物滥用将是孩子们未来最大的威胁。儿童青少年心理健康状况不稳定常伴有学习障碍，进一步预测了他们被社会排斥的可能性。在芬兰，每个工作日都有 5 名 30 岁以下的年轻人因心理健康问题领取失能抚恤金（芬兰社会保险局，2019）。按照芬兰人口总数来计算，这个人数比例不是个小数字。除此之外，还有更多同样令人沮丧的统计数据。

"坏"会关照自己，"好"需要被关照

人的意识更倾向于抓住负面的、令人烦恼的和一些需要被纠正的事情。譬如，即使经历了 99 次成功，入睡前始终困扰我们的仍会是哪怕一次失败的郁闷，而非胜利的欢欣。如果这次失败没有那么重要，可能还会欣然入睡；但是如果我们搞砸的是至关重要的事情，或者遭遇的是严重的不公平，又或者我们受到不同方面的打击，压力会很快占据主导地位，摧毁我们的睡眠和一切美好的梦想。尽管我们的大部分生活是顺利的，但这种情况常会发生。

罗伊·鲍迈斯特（Roy Baumeister，2001）及其同事研究了人类处理积极生活事件和消极生活事件的方式。研究发现在人的一生中，失去和创伤带来的影响比幸运事件的影响深远得多。总之，并没有一个正向的概念可以和"创伤"划等号——即便是 100 次安抚，也难以愈合一道伤痕；性暴力的记忆也不会被一生温柔的伴侣抹去；很多次的表扬与赞美

See the Good!
看见好品格

也许可以勉强弥补一次批评所带来的伤害。类似的还有"好事不出门，坏事传千里"，消极的刻板印象形成的速度要比积极印象快得多。总之，人的意识会更尽力地避免软弱的自我形象，而非主动建立一个良好的形象。这样的例子数不胜数。不幸的是，学校里的教育工作者仍然过分强调以解决问题为目标的思考模式。

与积极经验相比，消极经验具有更大的内在价值，对人类的生存至关重要。我们更倾向于居安思危，而非进一步增加幸福感。比如在困境中应优先考虑食物短缺或安全问题，而不是先寻找一个舒适之处休憩。在自然界里，只有那些专注于击退敌人的个体，才能最大可能保证后代存活和物种繁衍。

因此生物适应性显然依赖于对风险的敏锐觉察和分析的能力，但对消极情绪的过分敏感会侵蚀心理健康，因为消极因素很容易支配我们的思维，挑战我们对快乐的体验，最终摧毁原本健康的心灵。"坏"会关照自己，"好"需要被关照，这是积极心理学的核心原则之一。我们必须有意识地去积极正面地表达，而这种表达需要通过教学得以普及。

科里·凯斯教授的研究证明（Corey Keyes, 2005），快乐和抑郁并不在同一个连续体上，也不一定与同一事物联系在一起。例如，在工作中被解雇可能会加重抑郁症状，但有工作并不会在同等程度上增加幸福感——只有在失去之后，才意识到拥有的珍贵。

我们每个人都在追求幸福。当问及父母对自己孩子的最大愿望是什么时，答案总是希望孩子们幸福。即便对幸福的理解和实现幸福的方法各不相同，但这是全世界家长们共同的答案。

以积极心理学为基础

"求仁得仁"，许多领域的研究都证实了这句老话的准确性（Fredrickson, 2013）。虽然这个过程可能并不直观，但有一点非常明确：当我们的大脑对某件事变得敏感时，我们就开始在许多领域以各种形式看到它。而对这一点的认识，在某种程度上标志着积极心理学范式的开端。专注于病理学可能使我们对病理学越来越感兴趣，但这并不一定能带来幸福感。

该领域的先驱马丁·塞利格曼（Martin Seligman, 2011）在其著作《持续的幸福》（*Flourish*）中曾表示，焦虑、成瘾、精神分裂症和其他精神障碍呈指数级增长，这些甚至会影响该领域研究人员的感受。我们有必要对积极因素进行同样的研究，因为这些因素将使我们获得持续幸福，值得被等同地分析和澄清。早在 1958 年，马莉·杰哈达（Marie Jahoda）教授就曾撰文指出："没有精神疾病并不是心理健康的充分条件。"在这种范式诞生的几十年前，这名研究理想态心理健康的社会心理学家总结了积极心理学的研究重点。

See the Good!
看见好品格

卡尔·罗杰斯（Carl Rogers）和亚伯拉罕·马斯洛（Abraham Maslow）是20世纪50年代诞生的人本主义心理学的代表，为人类心理的研究开辟了一条新的道路。人本主义心理学的出发点是承认人的积极潜力和自我实现的需要。例如，罗杰斯（1961）认为治疗的起点是发展成长的可能性，而非只是对疾病的治疗；而在马斯洛看来，个体在自我实现时最幸福，自我实现是需求层次理论的最高一层。马斯洛在后来（1998）的研究中修正了自己的理论，认为最高需求层次可以直接达到，不一定要先满足其他层次的需求（如基本需求、安全和爱）；意义治疗的创造者维克多·弗兰克尔（Viktor Frankl，1981）是第二次世界大战集中营的幸存者，他主张人类的善良可以通过乐观来保持，即使是在极端情况下，你也可以选择自己的态度。在集中营里，弗兰克尔正是依靠对妻子的爱而坚持到生机出现。

积极心理学并非凭空出现。20世纪末，各种理论与观点融合形成了一股以研究美好生活为主要动力的潮流。塞利格曼（2011）早年的研究重点是抑郁症和习得性无助。他发现，随着生活水平提高、技术进步、社会更加公平以及其他梦想的逐一实现，人类并没有变得更加幸福。一些最基本的东西仍有所缺失，而这正是塞利格曼想要进一步研究的内容。在2000年出版的《美国心理学家》（American Psychologist）特刊中，塞利格曼和米哈里·契克森米哈伊（Mihály Csíkszentmihályi）与另外15名同事，推出了建立在新观点之上的研究主题——积极心理学。它的产生并不是为了取代任何已有的心理学研究主题，而是对传统的专注于心理病理学的领域进行补充。

心理学本身既不是积极的也不是消极的，所以我们不能称早期的心理学为"消极"心理学。心理学研究的重点是将个体从心理疾病中解脱出来，远离严寒，回到零度；积极心理学则是发现使人感到温暖的因素，令人的心理升温到零度以上的合适范围，使人处于最佳状态。这种变化类似于医疗保健与疾病护理的关系。

就积极心理学而言，"求仁得仁"已成事实。塞利格曼（2011）认为，研究者开展积极心理学的研究和教学，治疗师在工作中使用积极心理学，教师在学校的课堂上进行实践，干预师和咨询师应用于儿童培养和创伤后应激障碍患者的康复，这些与积极心理学实践者的会面，又或者只是阅读积极心理学相关的内容，都能使人更快乐。事实上，在积极心理学领域的工作者也都非常乐观、健康。

身心健康理论

塞利格曼在他的著作《持续的幸福》（2011）中，质疑了弗洛伊德学派（Freudian）所持的观点：人的最高目标是从痛苦中解脱出来。他还发现亚里士多德学派（Aristotelian）关于无限追求幸福的观点是狭隘的。塞利格曼认为，以还原为目的的一元论是不能解释人类活动的全部动机的。塞利格曼解释说个体的美好生活理论最初更接近亚里士多德学派对

See the Good!
看见好品格

幸福的理想化追求。如今塞利格曼认为幸福（Happiness）概念被过度使用了，这一概念过于模糊，因此不适合做科学研究。事实上，塞利格曼（2011）写道，积极心理学的首要任务就是将幸福的概念分解成更容易处理的组成部分。由此可见，塞利格曼自己的思想已经从研究幸福及其组成部分（积极的情绪、投入和意义）发展到勾勒出构成身心健康（Well-Being）的更大整体。对幸福、生活满意度的常用测量会因为实验参与者心情的不同，测出高达 70% 波动的结论。那些"心情好"的人会倾向于给自己的生活更高的评价，而那些因自身气质等原因容易产生消极情绪的人会给自己的生活更低的评价。不过，相较于乐天派，全身心投入和有意义感的经历对消极的人更为重要。

塞利格曼（2011）拒绝对生活满意度进行度量，因为他认为这仅仅是快乐学的工具，而身心健康这个概念要大得多，并且包含的元素可分割、可测量。塞利格曼的身心健康 PERMA 理论建立在五大支柱之上：积极的情绪（Positive emotion）、投入（Evolvement）、关系（Relationship）、意义（Meaning）和成就（Accomplishment）。它们有 3 个特征：

1. 这五大支柱都能够助力人们的身心健康；
2. 很多人努力想要获得这五大支柱是因为自身拥有优势，而非将这五个支柱作为获得幸福的工具；
3. 每一个支柱可独立于其他支柱。

Part 1 **第一部分**
幸福感是可以习得的

当然，塞利格曼的身心健康理论只是众多理论之一。例如，卡罗尔·莱芙（Carol Ryff）早在1989年就提出了她的心理健康因素清单，其中包括自我接纳、良好的人际关系、自主性、能力、有意义的生活和个人成长。莱芙的清单不仅与塞利格曼的理论重合，还与包括三种基本心理需求的自我决定理论密切相关，这三种基本心理需求分别是：自主、胜任和联结需要（Ryan & Deci, 2000）。在芬兰，洛塔与尤哈尼·莱赫托（Juhani E. Lehto）共同研究了孩子的幸福感（Uusitalo-Malmivaara, 2012; 2014; Uusitalo-Malmivaara & Lehto, 2013），发现社会关系、对自我能力的认可、业余爱好和学校表现良好，是芬兰孩子幸福感背后的因素。

2018年和2019年，芬兰均被评为世界上最幸福的国家（UN, 2019）。这引发了大家对幸福定义的质疑。是不是幸福和生活满意度的概念被混淆了？至少对芬兰人来说，能超越他国获得"最幸福"是意外之喜。暂时抛开这些关于身心健康或幸福基本理论的分类，首先，我们必须意识到，我们可以决定自己的身心健康。大多数人都熟悉享乐，诸如，吃、喝、上网和看电视，每项享乐活动都有自己的位置，但不太可能有人会以此为基础建立自己的身心健康，更别说将其列在幸福清单中了。其次，为实现身心健康和持续幸福，我们需要做到更多，比如积极工作、获得意义感和与他人的联结。

See the Good!
看见好品格

优势文化

关于幸福感或主观幸福感（通常被用作"幸福感"的同义词）的研究，从一开始就是积极心理学领域研究的基本组成部分（Lyubomirsky, 2008）。随着幸福研究的日益多样化，它的研究范围已经覆盖了生活的方方面面，"幸福"本身也被划分为几个不同的概念。如今，幸福感只是积极心理学的一个主题，积极心理学的研究已经涵盖了从分子生物学到社会治理等更为广泛的科学领域，涉及的研究主题包括品德和品格优势、积极情绪、恻隐之心、承诺、与他人交往、意义感、内在动机、心流、正念、成功和成就。凯斯和海特（Keyes & Haidt, 2003）提出积极心理学有四个实用功能：迎接生活的挑战并且从挫折中成长；与他人交往并建立联结；从创造力和生产力中获得满足感；帮助他人在生活中找到持久的意义、满足感和智慧。

测量是科学研究的重要手段。我们所测量的，必然是我们当下感兴趣的内容。可以说，我们看重自己要评估的内容——我们测量的，便是自身所是。每次评估也是一次小小的干预，因为我们的注意力必然会转向我们收集信息的对象。因此，使用什么样的测量标准，收集资料的目的是什么，都很重要。积极心理学在这个问题上的立场是明确的。如果我们只测量和诊断病态、失败、无能、弱点，这样是否真正有助于我们提升健康和能力呢？

Part 1 第一部分
幸福感是可以习得的

心理学关于自我实现的预言也体现在此。换言之，正如前文所述，"求仁得仁"。与对症状和疾病的长期描述和分类相对应，克里斯托弗·彼得森（Christopher Peterson）、马丁·塞利格曼以及他们的同事共同编写了一本书，并被戏称为"心智健全手册"。这本大部头手册于 2004 年出版，正式书名为《品格优势和美德》(Character Strengths and Virtues)，较为全面地覆盖了我们对美德的认识，并解释了如何通过品格优势来培养并践行美德。本书以及配套的优势卡片，便是基于彼得森、塞利格曼及其同事的研究工作，以《品格优势和美德》为主要资料来源和理论基础编制设计。继彼得森和塞利格曼之后，更多的研究相继开展。其中最新的成果是尼米耶克（Niemiec）和麦格拉斯（McGrath）的《品格优势的力量：欣赏并激发你的积极人格》(The Power of Character Strengths: Appreciate and Ignite Your Positive Personality, Niemiec & McGrath, 2019)，从实践层面延续了彼得森和塞利格曼的工作。"心智健全手册"对美德和优势文化所需的词汇进行了详细描述，满足了对人性积极方面进行术语描述和测量的需求。将这些词汇植根于自然语言和行为之中是至关重要的，如果脱离了词汇，现象就无以描述。在此，我们希望这本融合芬兰育儿文化的书能带着这份使命，成为发展品格优势的使者。

See the Good!
看见好品格

品格塑造提升身心健康

面对挫败，大部分人都听过这样的鼓励或者安慰，"这可以磨励品格"。即便辛勤的工作全部白费，或者回报与付出并不对等，我们也可以将"磨励品格"视作一种收获，一种对所犯错误的慰藉。类似这般不公平、错误决策或者人情冷暖的经历，确实可以成为品格生长的土壤，但并不总能提升我们的身心健康。

遗传和经验的许多因素都会影响品格的形成。反复的失败不一定会带来所期望的坚持和坚毅的成长，却可能带来玩世不恭、灰心丧气和麻木。我们都听过一些名人的故事，他们被描绘成超级英雄，在经历一系列挫折后，获得特殊的"力量"，重新在精神上和现实中振作起来，取得胜利。这样的事例确实存在。但大多数人并不是在艰难的时代中成为英雄的，童年所遭逢的艰辛常会导向失衡；积极向上的环境反而更容易塑造好的品格，而好的品格是通向身心健康的道路。

好品格的追溯

随着积极心理学范式的创立,大家对人类品格及其可塑性的兴趣与日俱增。研究表明,好品格有助于创造丰富多彩、令人满意的幸福生活。好品格意味着人格中价值稳定的部分,意味着在个体的思想、感情和行为中体现出来的积极能力。无论时代怎样变迁,文化如何发展,好品格几乎总是与谨慎、节制、勇气和正义等美德范畴的要素联系在一起。早在古希腊时期,哲学家们便认识到这些美德是强化心灵的关键。在众多哲人的著作中,亚里士多德的《尼各马可伦理学》(*Nicomachean Ethics*)介绍了品格塑造和追求卓越的原则,被认为是美德伦理学的奠基之作。另外,我们应当认识到,在不同文化背景下,各种美德的优先次序和重点是有变化的。例如,东方文化欣赏克制、中庸和含蓄,而芬兰人则推崇诚实、正直和廉洁。

在过去的数千年间,美德伦理学以不同的形式发展起来,并一直是早期教学中的重点内容,直到后来被现代社会不断增长的信息浪潮淹没。自学校诞生以来,关于良好品格的重要性,以及学校在品格培养中所担当的角色和重任的讨论就从未停止过(Furlong, Gilman & Huebner, 2014; Linkins, Niemiec, Gillham & Mayerson, 2015; Park, Tsukayama, Goodwin, Patrick & Duckworth, 2017)。如今家庭在儿童培养上面临的挑战各有不同,而学校是儿童青少年生活中唯一稳

See the Good!
看见好品格

定的外部社会环境。早期教育有着不可推卸的责任,幼儿园以及学校有责任并且有非常好的机会培养孩子们的性格及品格优势。毕竟,这些优势是掌握学习技能和基本生活技能的根基。

首先,塑造品格最重要的是教授特定的技能。节制、坚毅、洞察力甚至幽默感,都是可以通过学习而获得的能力。品格是人格的一部分,另一部分是气质,即人在面对不同情况时的自然反应。我们所谓与生俱来的气质,是新生儿从受精卵的遗传物质和出生前子宫环境中获得的;而后天形成的品格,则是基因、经历和教育共同作用的结果。没有人生来便是诚实或自我控制的高人,但我们必须有意识地培养这些能力。"有意识"这个词非常重要,这些与品格相关的能力并不是其他经历的副产品,不是"顺便"培养的,我们应将它们当成主要目标,去"有意识"地教育和学习,更进一步为其他方面的发展铺平道路。每个人的目标都是实现更好的自我。1829年,威廉·埃勒里·钱宁(William Ellery Channing)曾表示:"每个人都应有其独特的品格,做没有其他人可以做的人,做没有其他人可以做的事。"(Channing, 1896)

诺贝尔经济学奖得主詹姆斯·赫克曼(James J. Heckman)是品格塑造的忠实拥趸。他非常担心如今的学校对动机、坚毅、可靠、坚持等非认知技能的关注过少,尽管众所周知这些技能是生活成功的关键因素(Heckman & Rubinstein, 2001)。教育专家帕斯·萨尔博格(Pasi

Sahlberg）教授也曾指出，芬兰的学校普遍面临着一大难题，那就是无法帮助青少年找到自己的激情。一所理想的学校应当是能激发孩子的热情，鼓励他们积极进取的，这样的学校会带来幸福，而不是竞争（Salhberg, 2013）。

古往今来，教育者们一直担忧人性的弱点和易受诱惑。为了寻找力量，抵抗致命的恶行，避免较轻的恶习，人们转向了各种以科学为基础、以心理控制为目的的学说。"品格塑造"这个词，听起来可能有些过时，与之相关的词语中，"道德规训"听起来令人反感，而"社会情感学习"听起来有趣得多。《学校与品格》（Foerster, 1908）一书以如下内容作为开头。

"瑞士教育改革家佩斯塔洛齐（Pestalozzi）曾说过：'一个时代在追求真理方面可能有很大的进步，但在追求美好方面可能远远落后。'这百年前的名言在今日仍然适用，甚至像是专为我们这个时代准备的。较之先辈们，我们可以更加自信地谈论社会进步，完全陶醉于科学和技术领域取得的伟大胜利。一个极为重要但是我们忘记思考的问题是，人们控制本性的能力以及通过品格来掌控生活和环境的能力，是否依然面临严重的停滞或者倒退。"

瑞士教育改革家佩斯塔洛齐的箴言写于19世纪初，距今已有二百余年。但从那时起，人类控制本性力量的需求就从未减少过，因为我们发

See the Good!
看见好品格

现自身内部的"自然灾害"愈发频繁,例如焦虑的洪水冲走了快乐和生命的意义。因此,在调整自己心理的力量方面,我们还有许多事可做,但这样做的目标并不是简单地去"控制",而是为自己塑造一个健康的、能持续幸福的品格,让一切能量反射出耀眼光芒。本书特别强调通过锻炼可以培养健康的头脑和力量,而在面对外界的挑战和自己内心深处的黑暗时,这样的"健康"将有助于你承受考验。

品格优势的应用和人们的身心健康息息相关。大约公元前340年,在《尼各马可伦理学》中,亚里士多德就曾教导孩子,当一个人的灵魂"按照完美的美德"工作时,是可以过上幸福快乐的生活的。虽然亚里士多德的观念并不完全符合现代美德伦理,但二者有相同的功能:一个人在自己的权利范围内做有价值的事情,即在实践美德时,心理感觉良好。亚里士多德称这种状态为"幸福",或是"灵魂和真理共存"。发挥品格优势也就意味着实践美德。

品格的发展始于童年的经历、成功、挑战、能力以及自身的主观能动性。每个孩子都有权利在充满关爱的安全互动中,在富有恻隐之心的学习氛围中实现积极的品格成长。孩子们通过与他人的联结发展出自己的品格,并通过不断加强这种反馈建立自我资本和社会资本。正如马尔文·伯科威茨教授(Marvin W. Berkowitz, 2015)所言,品格在本质上绝对是"一种存在方式",尤其是"一种与他人相处的方式"。了解自身品格及其优势是通向积极自我认知的基石,这种自我认知将伴随我们终生。通过发掘和利用品格优势,可以适时得到鼓舞,获得进步的动力,引导生活积极向前,走向向往的未来。

品格优势是什么?

布达尔和卡什丹(Brdar & Kashdan,2010)将品格优势定义为一种于内在驱动下使用的类似"自我"的属性。品格优势发挥作用时,我们往往处于"心流"状态,即完全沉浸于正在做的事务,一切都在随着不间断的专注而流动。

品格优势表现在情感上、行为上和思想上(Park, Peterson & Seligman, 2004),它们实现了人类道德中有价值的一面,在很大程度上支撑了人们的身心健康。例如,社会智力❶、自律和希望这些品格优势会降低压力和减少抑郁,养成与实现目标相关的能力,避免滥用药物与使用暴力的能力。这些品格优势的运用,可以预测更多的善意、对多样性的接纳,以及更好的学业成就(Park, 2004)。品格优势不同于天赋,因为前者可以发展,而且在道德层面上是有价值的;而天赋是与生俱来的,并因其可能产生的有形结果而被赋予价值(Peterson & Seligman, 2004)。

---

❶ 社会智力是一种理解人际情境中人的感受、思想和行为,以及在此基础上做出适当行为的能力。它包括一系列的知识、经验、解释社会信息和解决人际问题的技能。

See the Good!
看见好品格

行动价值（Values in Action，VIA）是马丁·塞利格曼教授及其同事在21世纪初发展起来的一种品格优势哲学（Seligman & Cksíkzentmihályi，2000）。自那时起，已有数百种基于VIA优势研究的作品出版，相关的实用工具也被开发出来，例如优势培训工具、基于优势的企业文化课程和基于优势的领导力课程。就像它的名称一样，VIA的基础理论是运用价值，即运用美德和展现这些美德的品格优势，成为我们日常活动的载体。

VIA的分类基于6种美德：智慧、勇气、人性、正义、节制和超越，这些美德由24种品格优势来具体表示（见表1-1）。例如，"人性"之美德表现为爱、善良和社会智力等品格优势。

表1-1　6种美德及其对应的24种品格优势

美　德	品格优势
1. 智慧（Wisdom） 认知优势，包括对知识的获得和使用，从而实现其他美德	1. 创造力（Creativity） 2. 好奇心（Curiosity） 3. 判断力（Judgement） 4. 好学（Love of learning） 5. 洞察力（Perspective）
2. 勇气（Courage） 情感优势，包括在面对外部或内部的阻碍时，运用意志力实现目标	6. 勇气（Courage） 7. 坚持不懈（Perseverance） 8. 诚实（Honesty） 9. 热情（Zest）

续表

美 德	品格优势
3. 人性（Humanity） 人际优势，包括顾及他人和与他人友好相处，与一对一和更广泛的人际关系有关	10. 爱（Love） 11. 善良（Kindness） 12. 社会智力（Social intelligence）
4. 正义（Justice） 公民优势，是健康社会生活的基础，尤其在个人与社会的关系中得以实现	13. 团队合作（Teamwork） 14. 公平（Fairness） 15. 领导力（Leadership）
5. 节制（Temperance） 节制优势，可以防止仇恨、傲慢、一时之快等过度行为或极端情绪的产生	16. 宽容（Forgiveness） 17. 谦卑（Humility） 18. 谨慎（Prudence） 19. 自律（Self-regulation）
6. 超越（Transcendence） 强调与人类以外的更广阔宇宙相联系的优势	20. 审美（Love of beauty） 21. 感恩（Gratitude） 22. 希望（Hope） 23. 幽默（Humour） 24. 灵性（Spirituality）

品格优势有一个基本准则，即积极主动和可习得。品格优势是取之不尽，用之不竭的，不同的品格优势是可以并存的（Peterson & Seligman 2004；Niemiec & McGrath, 2019）。所有VIA品格优势都符合以下10项标准：

See the Good!
看见好品格

1. 品格优势有助于成就我们的美好生活，为自己，也为他人；
2. 每种品格优势都有其自身的道德价值；
3. 每个人展示的品格优势都不会减少其他人的品格优势；
4. 品格优势的反义词不一定容易找到；
5. 品格优势必须能显而易见地展示其自身的特点；
6. 品格优势被认为是元优势，一种品格优势不能分解出其他品格优势包含的要素；
7. 品格优势建立在一致认可的美德典范的基础之上；
8. 确实有与生俱来的品格优势，但此标准仅对某些优势适用；
9. 缺乏品格优势也是存在的；
10. 可以通过不同的方式来培养品格优势。

关于品格优势还有其他的分类法。在本书中，我们参考的是VIA哲学。但为了更符合芬兰的环境，我们对其中关于优势定义的部分进行了修改，增加了两种优势成分："坚毅"（Grit，芬兰语中的sisu，见Lahti，2019）和"恻隐之心"（Compassion, Worline & Dutton, 2017），分别归属在VIA分类中的"勇气"和"人性"。

在不同的年龄段，各品格优势的重要性也发生着变化。鉴于本书主要关注儿童和青少年的品格优势，我们会将书中介绍的重点放在对学龄期孩子们尤其重要的16种优势上。本书配套的"你好鸦"优势卡片则对全部26种品格优势进行了详细介绍（Uusitalo & Vuorinen, 2019）。

Part 1 第一部分
幸福感是可以习得的

可习得的品格技能

詹姆斯·赫克曼(2006)谈及品格时强调了它的"技能"性而不是"特质"性,并强调了可习得性。后来,赫克曼又指出,品格特质也会在环境影响下发生变化(Heckman & Kautz, 2012)。因此,这不仅是一个遗传特征的问题,而是每个人都可以发展的品格技能的问题。这些品格技能包括心理韧性、积极感受和成长型思维。

心理韧性

提升儿童和青少年心理韧性的品格优势教学,旨在帮助他们为应对生活中的挑战和有压力的情境做好准备。"心理韧性"(Resilience)一词源于拉丁语 resilire,意为"反弹",因此澳大利亚的学校常用"反弹力"这个词来表示心理韧性。心理韧性意味着个人应对生活挫折的能力(Masten, 2009; Noble & McGrath, 2013),它包括容忍度、积极应对以及对自身能力和生存的信念(Luthar, Cicchetti & Becker, 2000)。

从广义上看,心理韧性可以被定义为一种动态的适应能力,让人能

See the Good!
看见好品格

够成功应对那些威胁系统功能、生存或未来发展的挑战。因此，心理韧性的概念可以广泛拓展到任一功能系统，如学校、班级或工作团队。

走出困境

面对混乱的局面，有心理韧性的人有能力感受到希望、坚定，甚至鼓舞，能够体验到与他人的团结。例如，一项对丧偶者的研究表明，较之没有温馨回忆的丧偶者，那些时常记起与另一半快乐点滴的人，在一年后更容易恢复（Bonanno，Wortman & Nesse，2004）。因为激活积极记忆的同时也会激活积极的感受，比如感激，有助于平复丧偶者的情绪，让他们逐渐复原并感觉更好。

有心理韧性的人可以更轻松自如地处理未来事件和不受控制的意外事件。他们能够接受任何现状，不担心未来发生的事，不害怕最坏的情况。在这一复原的过程中，内部言语起着重要作用，令你更容易认清当前最重要、最应当做的事，进而集中注意力。如果用一个消极的过滤器遮住眼睛和思想，那么你对未来的期望和态度就会受到相应的影响。一个容易抑郁的人更倾向于捕捉并抓住那些消极的暗示。

心理韧性是一种从积极正向的经历中获得的资源和财富。"服用积极情绪"听起来可能很浅薄，但它意味着你能够做到有意识地去关注那些常常被忽视的、做得好的方面。感恩是积极要素之一，心理韧性越强，你就越容易在各种事情和状况中发现积极的感受；体验到的积极感受越多，你就变得越有心理韧性。

心理韧性是将积极感受和消极的感受同时握在手中。心理韧性并不是指将消极的感觉从眼前和心中清除去，或者不允许它们进入人们的意识中。心理韧性意味着当我们面对困境时，可以用积极的能量储备，用自身发展起来的能力和经历去应对。芭芭拉·弗雷德里克森（Barbara Fredrickson，2013）的研究发现，有心理韧性的人在情感上是灵活的，他们不抗拒消极的经历，但也不沉溺其中；有心理韧性的人会睁大眼睛面对逆境，适应不断变化的环境（这是情绪智力的一种体现，说明他们善于自我平衡或校准，不断调整情绪状态以适应新的情况）；他们允许消极情绪存在，但他们相信这些翻涌的情绪最终会像落潮一般消退。

情绪智力的养成建立在大量积极经历的基础上。将生活视作一个整体可以给予人们新的视角，灵活地看待生活中的负面事件，会使人们对待这些负面感受时更加平和。

对各种生活状况和事件给出怎样的解释是很重要的。有心理韧性的人相信他们能影响自己的处境；他们积极乐观，懂得学习如何消解负面情绪，比如培养自嘲的能力。特别是，他们能够从挫折中吸取教训，过好未来的生活，成为与众不同的"心理韧性大师"。

See the Good!
看见好品格

互动中成长

在互动中培养心理韧性是积极教育的核心原则之一。增强积极感受并将它转化为文字的互动，会建立起积极感觉的记忆储备。这些积极记忆会帮助人们感觉更好，并且大脑会更敏锐地去捕捉未来的成功。这正是芭芭拉·弗雷德里克森提出的拓展—建构理论的内容——拓展积极经历，能够增加感知的可能性，甚至还能改善身体的健康状况（Kok & Fredrickson, 2010）。根据拓展—建构理论，积极情绪对认知和社会行为都会产生影响。由这些积极情绪产生出来的拓展性思维能提升人们的心理、智力和人际资源能力，提升情绪智力以及认知和行为水平。这在一定程度上解释了积极情绪对人类心理韧性的影响。相比之下，由消极情绪引发的思维模式则局限于"立即采取行动"的特定倾向，例如在受到威胁的情况下攻击或逃跑（Fredrickson, 2001）。

心理韧性也可以从社会角度来考察，这对教育工作者而言是非常重要的观察视角。根据安·马森（Ann Masten, 2014）的研究，孩子的心理韧性是一种共享的心理韧性，它不仅是属于一个孩子的特征或技能，更广泛分布于孩子们与构成他们世界的许多其他关系中。心理韧性不仅仅是一个概念或一种表现，它是在养育者和孩子的亲密关系中发展起来的"特有的魔法"。因此，即便孩子还不具备心理韧性，但在他的人际关系中是可以有心理韧性存在的。早期面临的挑战越多，儿童与他人的高质量关系就越重要。如今，这种关系越来越多地表现为儿童与专业教育工作者的关系。

马森（2009）指出，心理韧性并没有神奇或秘密的成分，而是由一系列的技能组成，这些能力是经由日常的精心呵护培养建立起来的。这些技能可以帮助孩子们度过困难时期。儿童与富有关怀和同理心的成年人共同建立起来的经验是至关重要的。在成人和教育工作者的帮助下，鼓励孩子们专注解决问题的技能，学习自律和控制冲动，以此来培养他们的心理韧性。

有心理韧性的孩子往往善于运用幽默，可以引得其他孩子和大人发笑，令大家心情愉快；他们善于同其他孩子和养育他们的成人产生积极的共鸣，这种共鸣来自于孩子早期因得到成人的关爱而形成的感情纽带。成年人能够积累积极经验和充满爱意的微小瞬间（Fredrickson，2013），通过言传身教去塑造孩子的行为，尤其是自律能力。社会心理韧性在团体中发展而来，有相似经历的人会友好靠近，并渴望了解对方的观点。

增强心理韧性

许多品格优势对培养心理韧性很重要，比如感恩、洞察力、坚毅和恻隐之心。在为他人着想的富有同理心的行为中，能够通过体会意义而增强心理韧性——感觉生活是有意义的，你是伟大事物的一部分——这

See the Good!
看见好品格

是一个巨大的力量源泉。当你觉得你的行动似乎毫无意义时，你可以使用这个力量源泉来帮助自己。

儿童与青少年的心理韧性就像一个装满力量的背包，帮助他们从压力和逆境中恢复，增强他们在困难时期照顾自己和他人的能力。家长与教师在孩子心理韧性的建设中至关重要，他们通过鼓励和引导每个孩子发现积极的一面，支持孩子自信、健康地成长。

在以下情境中，成人的教育活动可以促进心理韧性的培养。

1. 除了恻隐之心和同理心，家长与教师还与孩子保持着培育和关怀的关系。欣赏性的互动以及繁忙日常生活中的陪伴对孩子们尤其重要。"你对我很重要"这种关系是积极教育的重要基石。

2. 父母和教师对教学活动寄予很高的期望：认为孩子可以做到家长与教师的要求并且知道怎么做。这说明家长与教师相信且信任孩子的能力，并帮助孩子看到他们的可能性。家长与教师的言语和鼓励会为孩子的内部言语定下基调，让他们相信自己，并在心里默默鼓励自己。关注孩子的优势有助于发展积极的内部言语。

3. 家长与教师为孩子提供承担责任和发挥作用的机会，让他们获得能力体验与参与感。教会孩子们互相帮助，并在审辩思维、创造性表达和勇于挑战极限等方面给予引导。

4. 家长和教师也知道如何放松并信任这个过程，给予孩子需要的时间。请家长和教师们永远不要低估自己作为榜样的力量！心理韧性的教育每一天都在进行着，优势教育也会使心理韧性得到进一步发展。家长和教师的言行可能会影响孩子对自己能力的信念，以及孩子人生成功的机会。

关于心理韧性包括以下可供学习的内容：

- 重振旗鼓（或者说，即使我会有低落的时候，我也有能力重新站起来）；
- 有能力意识和管理自己的感受；
- 了解并运用自己的优势；
- 体验自身的能力；
- 有与他人建立联结的能力；
- 有解决问题的能力；
- 对自己也有恻隐之心。

可以用橡皮筋作道具向孩子们解释心理韧性。在正常情况下，或在平静的校园日常生活里，橡皮筋是松弛的；当面对消极的、威胁性的情绪和压力时，橡皮筋会伸展绷紧，很多时候会到达极限状态。当压力减轻后，橡皮筋又恢复到松弛状态，之所以会这样是因为橡皮筋有弹性。同样的道理也适用于让孩子们学会根据情况来调节自己的行为。

See the Good!
看见好品格

学习"坚持不懈"这一品格优势,对心理韧性的培养也能起到显著的作用。"坚持不懈"(perseverance)是由决心和心理韧性组成的——为了在生活中有所建树,我们必须坚持不懈,在面对挫折时,有能力走出逆境。强调心理韧性并使之在日常生活中显现出来,将为"坚持不懈"这一品格优势的培养奠定基础。在本书的第二部分有更多关于培养"坚持不懈"的内容。

积极感受

积极感受和积极意义的发现是相似但又不同的概念。积极感受会增加一个人在不同情境中发现意义的能力，并进一步增强以后体验积极感受的能力；积极意义的发现代表了一个人思维方式的拓展，这种拓展也可以用于以后应对其他的压力——积极感受可以影响特定情境中的心理韧性，具体来说积极感受可以使我们在未来更有灵活性，更有韧性。因此，积极感受对个人身心健康（无论短期和长期）都有影响。当心理韧性得到发展时，积极感受会帮助我们很好地应对当下和未来的事件。

拓展视野

各种研究表明，与那些很少有积极感受的人相比，快乐的人更常体验到积极感受，能更有效地发挥个人作用，更有社会责任感（Huppert & So, 2009）。这种现象就像一个正循环，积极感受增加了思维的灵活度（Fredrickson & Joiner, 2002），反过来又促成了更积极的解释模式，并且拓展了注意范围（Fredrickson & Branigan, 2005）。积极感受

See the Good!
看见好品格

还能提高工作记忆,帮助个体集中注意,并通过刺激迷走神经和催产素分泌促进人体健康。经历过积极感受的人拥有较其他人更长的平均寿命(Howell, Kern & Lyubomirsky, 2007)。

即便是最微小的积极感受或是爱的点滴瞬间(Fredrickson, 2013),都会影响我们大脑中的化学反应。

积极感受能帮助我们在面对不同事件时拥有更广阔的视角。例如,眼动研究表明,与中性状态相比,积极情绪状态下的眼动范围更广;脑部扫描显示,在经历了积极感受后,创造性学习所需的能量场被激活。体验到安全能让你自由地审视自己的思维,令未知的体验(尤其是与他人的联系)变得更容易。概括而言,在体会过积极的感受之后,观察他人的能力会得到提高。我们中的大多数人都觉得吃甜食是一种积极的体验,这是因为甜味与早期接受母乳喂养的经历和体会到的来自母亲的温柔有关。很多商店的柜台上都备有待客的糖果,这并不是巧合,而是因为摄入糖分可能会令顾客更快作出购买决定。此外,小赠品很容易让顾客产生回报心理,而购买便是回报的途径。这种情况虽有精心策划的因素,但积极的姿态确实实现了行为层面的积极性。

面对困难时的积极情绪

人类的行为很少与情绪分离,承认这一点,对影响人类思维的各方面都至关重要。这样的例子在幼儿园和学校里屡见不鲜。例如，分歧的解决方式和后果取决于相关方在处理分歧时的心态——人们会在怎样的情况下选择和解？是心烦意乱时、中立时还是在积极心理状态下？通常，心烦意乱的人最不可能选择和解，因为在他们的眼中，对方被视为必须击败的"对手"。在这种情况下，积极感受可能来自对自己或他人的感恩，能够和他人面对面就发生的事情进行反思。积极感受还能帮助我们看清全局。它们就像社交广播，帮助我们的头脑冷静下来，保持思维的灵活性。

有积极感受的人会给其他人传递这样一个信号："这是一个好人，他很容易打交道。"即便没有任何外部刺激，我们也应当在头脑中激发积极的情绪，例如，回忆一些愉快的事情并展开笑颜。用积极的感受化解消极的经历和感觉。

愤怒和由衷的感恩这两种情绪是不能同时存在的，它们不会给对方留有存在的空间。即便处在恐惧、羞愧和其他负面的情绪里，我们也可以短暂地体验积极情绪，稍作休整。积极感受有助于我们在困难情境中保持与他人的重要联系。我们需要为积极感受留出空间，但不可以强迫自己积极，否则就会陷入积极心理学的陷阱中，这样的咬紧牙关的微笑只会导致另一个极端。

芭芭拉·弗雷德里克森（2013）认为，我们很少谈论应对积极感受的方法，也很少有意识地识别它们。如何应对消极感受通常是我们讨论的焦点，然而，即便是身处积极的情绪中，我们也可能会遇到需要思考

See the Good!
看见好品格

的情况,比如"这样积极的心态是否合适?""这样快乐的情绪在当前情境下是否有危险?"这些思考既受个人因素的影响,也受文化因素的影响。每个人对情感的解读和价值观念导向都由个人历史经历所左右,因此会作出不同的选择。让一种积极的情绪长期占主导,还是迅速将之忘在脑后?在满足中松懈,还是时刻提防失望情绪的报复?我们必须学会如何享受积极感受,而不是始终关注出错的内容。不然,我们会逐渐产生这样一种心态——即关注消极的事情是正确的,而忽视积极的事情也是正确的。我们可以而且应该为自己和他人的成功欢呼,尤其是那些经过共同努力的成功,这些都属于教养的范畴。弗雷德里克森(2013)称积极感受为"马达",因为它们是我们所有行动的能量和驱动力。

内部语言的重要性

人生态度影响着我们有意识和无意识做的每件事。虽然乐观和悲观的人生态度都是可能的特质,悲观主义者可能会轻视他们的影响力,并牢牢抓住习得性无助感这根无绳的锚。他们常常想,"我能做什么?我只会再把它搞砸。"但人生态度并非是深深烙印、一成不变的,它是可以培养的。乐观的人生态度会给我们带来积极的生活态度、亲和并满怀希望的内部语言,它们会在很多方面增强我们的应对能力。

乐观主义也是可以习得的。积极的思考和内部语言并不意味着可以避免生活中所有的消极事件,也不意味着能够有目的地避免困境。更确切地讲,这种积极情绪的意义在于给人们赋予力量和保持希望。内部语言对我们的身心健康和自信起着极其重要的作用。内部语言常常是一种混杂的声音,不同的选择胶着在一起,我们常常注意不到。我们一贯不愿过多分享内心丰富多彩的故事,但积极的内部语言可以支持我们、帮助我们从积极的角度看待自己。积极的内部语言是一种乐观的语言,常常能投射出事物光明的一面。它让我们安心,在逆境中鼓励我们,庆祝我们的成功,在完成挑战后为我们欢呼。它就像一只温暖的手,在我们拼搏进取之后拍拍自己:"嗨,我做到了!"积极的内部语言带给我们希望,因为它知道我们的优势,也记得我们以前的成功。

通过练习和体验可以强化积极的内部语言。同样,有意识的练习也可以克服消极的内部语言。消极的内部语言如同小恶魔,千方百计地摧毁我们对自己的信任,提醒我们过去的不幸遭遇,夸大最微不足道的威胁。令人沮丧的、消极的内部语言会助长我们的弱点,唤醒我们失败和羞耻的记忆,在我们耳边反复提醒:"这不值得尝试,因为你无论如何都会失败!"

强化积极的感受和内部语言

我们很容易受到消极思想的影响,因此培养积极的情绪很重要。感

See the Good!
看见好品格

受如同广播一样散播大量的信息。这意味着我们的感受，尤其是我们对自己感受的反应，可以在很远的地方被看到和被听到。感受从一个传播者传到另一个传播者，每个传播者都要对另一个传播者的感受负责，这样便提高了每个人创设积极情绪氛围的责任感。

研究者尝试计算出积极感受和消极感受的最佳比例。弗雷德里克森和洛萨达（Losada）曾在2005年提出了著名的3:1公式，但随后受到学术界质疑。如果该公式成立，则一个人必须感受到三倍于消极感受的积极感受才能实现持续幸福。这个公式被称为洛萨达比例。虽然这个比例在数学意义上并不精确，但它的原理是可靠的——如果想要过得好，一个人必须经历更多的积极感受，而非消极感受。特别是必须要经常体验积极感受。不过，积极情绪的产生并不总是需要强烈的兴奋或刺激。这对教育者而言是个好消息：小小的表扬，以及适时的、最好是公开的奖励，也能够赋予孩子们巨大的能量。同时，我们必须记住，消极感受也是需要的，它不应该也不能被完全忽视。最重要的是认识到在我们自己的行为中，怎么平衡这两种感受，以及这些感受如何影响我们的身心健康。

芭芭拉·弗雷德里克森（2013）认为，当人们一遍遍无效地念着"我必须快乐"时，其实是"积极地闭上了眼睛"。她认为"积极地睁大眼睛"才是最真实的幸福形式，即所谓的"敞开心扉"。对所有的感受敞开心扉是有益的。这样的开放态度让我们乐于接受积极的事情，并且能睁大眼睛不断捕捉身边各种积极向上的微小时刻。

我们不能只是一味地去寻找积极的感受,而应该根据以前的经历关注那些可以提供积极感受体验的情景。想一想,是否有可能通过"先愉悦再行动"的原则来增加更多积极情绪的体验呢?很多人认为只有在周末或假日才算真正地享受生活,这样的话,人们积极感受的产生被局限在我们所定义的"如果"和"在什么时候"。我们在平时是否尽可能有规律地做一些积极的事情,例如拜访朋友、外出散步,并有意识地从中获得愉悦的感觉?研究表明,这些事情能让我们体验并积累积极的情绪,帮助我们面对以后的各种挫折。

下述几点可以帮助我们更好地平衡积极性:

- 敞开心扉;
- 保持好奇心;
- 善良;
- 感恩;
- 活在当下;
- 不要忽视任何情绪,记住消极情绪也很重要。

就像所有感受一样,我们需要为内部语言的情绪氛围找到平衡。生活并不是一场只有积极情绪的聚会,没有人可以一直高兴、快乐或时刻幸福。同样,内部语言不可能总是积极的,也不可能总是消极的、怀疑的

See the Good!
看见好品格

或责备的。

那么，我们应如何平衡自己的内部语言，并与之达成共识，让它们能在不同的情况下能为你提供帮助呢？

1. 一定要觉察你的内部语言。为了发展这项能力，我们需要在繁忙的日常生活中停下来，倾听自己的思想中不断产生的内部语言。我们通常没有意识到内心想告诉我们什么，这就是我们必须停下来倾听自己的内部语言的原因。

2. 当我们有意识地停下来，倾听自己的内部语言时，要注意它是积极的还是消极的。你甚至可以挑战你的内部语言。重要的是要记住，我们不等于我们的想法。内部语言不断涌出，时来时去，那也没关系，你可以从旁观者的角度通过一些简单的方法精简内部语言。比如你来决定如何处理自己的想法，或思考这些想法是否真实。

下面是一个可以用来厘清你内部言语的问题清单：

- 我觉察到自己的想法了吗？
- 我的内部语言是鼓励的还是谴责的？
- 我有可能挑战自己的内部语言吗？
- 如果是我的好朋友遇到这种情况，我会对他说什么？
- 我会鼓励和安慰他们，还是会因为他们的失败而加倍责怪和羞辱他们？

- 我能成为我自己最好的朋友，给自己一些同情心吗？
- 我能改变对消极想法的态度吗？

3. 有意识地质疑自己的内部语言，并且培育越来越多积极的内部语言。这样做的越多，对自己的心理发展就越有好处。小步的进步是最好的方法。

4. 注意：你是否经常回想过去，沉溺于往事？或者你是否因尚未发生的事情而思绪烦乱，甚至担心未来？当我们的想法越集中在无力改变的事情时，我们越能捕捉到内部语言，也越可能有意识地练习积极的内部语言。试着把注意力集中在当下，鼓励自己在此刻使用积极的内部语言。

内部语言对我们的态度和感受有很大的影响。在"你好鸦"的帮助下，儿童与青少年可以知晓内部语言的意义（这个思维实验也适合成人）。本书及优势卡片上的吉祥物是一只可爱的乌鸦，它的名字叫"你好鸦"。下面的例子可供参考（2013）。

先给孩子们看一张有两只"你好鸦"的图片，然后告诉他们："想法来来往往，变化不断，每个人都可以选择去相信什么，关注什么。"

每个人都可以选择邀请一只"你好鸦"坐在我们的肩膀上。

See the Good!
看见好品格

我们会邀请那只总是不断重复这样话语的乌鸦吗？"你不应该去做这事，你不应该去做这事。反正你也学不会，反正你也学不会。会出问题的，会出问题的。学习是愚蠢的，学习是愚蠢的。你比别人都差，你很差。"想要变得不快乐，最简单的方法就是找一个比你做得更好的人，不断地与之比较，一次又一次地感到自己不如他们。

或者，你能邀请另外一只"你好鸦"坐在肩膀上吗？它能相信我们，看到我们的优势，关注到我们付出的哪怕最小的努力。把这只"你好鸦"放在肩膀上。它会告诉你："干得好，你能行。干得好，值得一试。相信你自己，你会做好的。相信你自己，你是有优势的人。看看你身边有哪些美好的事物，看看现在发生了哪些美妙的事情。"

成长型思维

面对逆境,个体对自己失败的解释是至关重要的——他们是认为自己有能力影响环境,还是认可失败的原因超出了自己的控制和影响范围?

研究表明,过分强调天分或智商会令人在面对失败时变得脆弱,不敢去应对挑战,不愿纠正和克服自己的弱点。此刻,对自己的看法将决定一切——我们是否认为自己仍有机会去探索更多道路,或者仅看到一条受限于自身天赋的预定路径?

两种不同的思维模式

斯坦福大学心理学教授卡罗尔·德韦克(Carol Dweck)致力于天赋才能、思维模式和解释模型的研究。自20世纪60年代,德韦克在观察动物实验后,开始对不同的思维模式产生兴趣(2006;2007;2010)。这些实验表明,在经历了反复失败后,动物们似乎推断出问题的解决是无望的,超出了自己的能力范围,进而彻底放弃努力。研究人员称这种

See the Good!
看见好品格

状态为习得性无助（Seligman，1972）。德韦克沉思于为什么有些孩子一遇到困难就放弃，而有些孩子即便没有更高超的技能、更高水平的智商，也能在遇到挫折时坚持下去，不屈不挠地前进。她很快注意到，最重要的因素之一在于孩子们对自己的失败给出了怎样的解释——相比用缺乏努力来解释失败，认为自己的能力不足似乎更能打击他们的积极性，带来更严重的后果。

德韦克的理论认为学习者有两种类型：一种是有固定型思维的学习者，另一种是有成长型思维的学习者。

固定型思维（fixed mindset）的学习者相信，智力是无法改变的固有特质。一旦犯错，这些人会彻底失去自信并崩溃，因为他们把自己的错误归因于能力的缺乏，感到无力作出改变；这些学习者会尽量避免挑战，因为挑战会让他们不得不将自己的智力放到被评判的位置上，而且他们在面对挑战时更容易犯错；他们认为付出更多的努力是愚蠢的表现。因为不敢冒险，不敢面对可能的失败，他们牺牲了很多好的学习机会。对于他们而言，在自己以及他人眼里保持自身的聪明形象非常重要。强调自身天分可能会强化固定型思维，使他们相信努力得不到回报，导致个体无法充分实现其潜能。在固定型思维框架下，个人的成功意味着彰显自己比别人强。

那些成长型思维（growth mindset）的学习者，他们愿意面对挑战，面对可能的失败无所畏惧；他们把生活中的每一个陷阱都看作是了解自己和自身品格的新机会,只要通过充分实践,运用正确的方法,目标总可以达到;挫折不会使他们的自信土崩瓦解——因为他们有心理韧性,韧性可以助人伸展,也可助人恢复。

拥有成长型思维,会帮助我们将人类行为视作受各种心理过程(如目标、动机、需求和感受)影响的情境活动;成长型思维让我们以积极的方式去解读个体面临挑战时的行为,理解他们的做法。在他人的帮助和支持下,我们每个人都有机会发展和实现最好的自我,使每个人、每个儿童青少年写下积极的人生故事。

与思维模式有关的生活事件

1. 孩子为自己的生活和学习设定的目标

- 这个目标是否是学习新技能,即便学习新技能要付出努力且可能犯错?(成长型思维)
- 这个目标是否只是看起来光鲜亮丽,或是为了看起来不那么傻?(固定型思维)

2. 对尝试的信念

- 努力是否意味着成长和发展的机会?(成长型思维)
- 努力是否意味着缺乏天赋?(固定型思维)

See the Good!
看见好品格

> 3. 面对逆境时的解释模型
> - 挫折是否意味着我必须更加努力？（成长型思维）
> - 挫折是否是我太笨的表现？（固定型思维）
>
> 4. 逆境后的学习策略
> - 未来是否更加努力很重要吗？（成长型思维）
> - 放弃是否很重要，比如，考虑在考试中作弊，或找其他理由为自己辩护？（固定型思维）

为什么成长型思维如此重要

德韦克的研究表明，那些有成长型思维的人更容易从挫折中恢复，并能在困难的生活环境中保持稳定。成长型思维能令人即便面对困难的任务也能坚持不懈，能收获更多，并最终获得比固定型思维学习者更好的成绩。最优的学习不仅能教会我们知识技能，还能给我们带来享受挑战、尝试和努力的机会，培养坚毅品格。因此，教师应该给孩子布置有助于其发展成长型思维的任务，这就意味着需要给孩子们提供可以取得长期成功而非一时成就（比如考试成绩）的工具。传统教育理论认为，智力会影响孩子的学习成绩，这不代表我们只强调孩子的先天智力，而不注重孩子后天努力，成长型思维也同样重要。

有成长型思维的孩子认为学习过程比成绩更重要。他们重视努力，并明白即使是天才也必须努力才能成功。有成长型思维的孩子在面临逆境时，比如未能获得期望的成绩，他们会更加努力，或者尝试其他学习策略。拥有成长型思维的孩子认为，智力是一种可以后天发展的特质，是能够通过学习和努力提高的。犯错可以被解读为缺乏足够的努力和技能，这些技能是可以后天培养的，并不是一成不变的。而坚毅的品格有助于孩子们保持不懈的努力，提升自己的技能水平。

总之，孩子在学校时的成长型思维是指：

1. 不懈努力，达到学习目标；
2. 实施好的策略，或尝试各种不同的方法；
3. 寻求和接受帮助，这是学习的社会属性。

成长型思维会改变我们对自己、工作以及与自己有关的事情的看法。时常停下来评估自己的心态和思维方式是十分重要的。这种心态和思维模式，是我们，尤其是儿童与青少年观察世界的镜头。

强化成长型思维

凡是我们关注的，无论好坏，都会有相应的增长。因此，如果我们培养的是固定型思维，我们大概就会得到固定型思维；如果我们想让儿

See the Good!
看见好品格

童与青少年有不好的感受，就让他们和同伴互相比较。正如教育研究教授盖·哈卡赖宁（Kai Hakkarainen）所说："分数并不能代表我们的学习能力"（Helsingin Sanomat，2015）。按照他的说法，考试成绩应该被取消，孩子应该将更多精力放在互相帮助上，因为"我们每个人能学到的东西会比想象中多得多"。哈卡赖宁强调，将孩子进行比较，并根据成绩对他们的学习能力进行推断，会向孩子传递固定型思维的信息。他认为，学习成绩和孩子之间的比较会使孩子对自己的潜能的看法变得僵化。这样会使孩子们尽可能逃避任何可能失败的情况。

如果我们更多地鼓励孩子们的坚持不懈，甚至把最复杂的学习之路看作尝试的机会，就可以更多地创造一种文化——以成长和支持他人的喜悦取代羞耻和恐惧。失败并不意味着一个人没有天赋或能力，而是他们尚未充分利用自己的潜能，或者他们可能还没开始为自己珍视的东西奋斗。努力和坚毅的培养有助于学习者成才，其中的关键是找到自己的激情、自身的优势、积极的目标，最好能和他人一起坚持，或获得他人的支持。

反馈和鼓励过程，而不是最终结果，是增强成长型思维氛围的有效方法（参看表 1-2 中 KIPP 学校的例子）。这就意味着家长和教师应把关注点放在能获得持续努力、寻找新的可能的学习路径、发现孩子的优势和学习方法上。家长和教师应该强调，最快的学习途径并不总是最好的。相反，多花点时间在练习上可能有助于孩子产生更深的理解。历史告诉我们，许多成功的、举世闻名的天才在局外人眼中都不是学习最快的人，譬如爱因斯坦，但他的坚持和努力都是有目共睹的。

另一个培养成长型思维的好方法，是直接让孩子理解学习的不同思维模式是什么，智力是什么以及人脑的可塑性。然后让孩子思考自己觉得困难但仍然想学的东西，想一想在学习过程中什么类型的思维模式会有帮助。相比目标本身，朝着目标前进的过程才是最重要的。孩子们应当利用自己的优势，抱有希望和乐观的心态，把最终目标分割成一个又一个的小目标。重要的是，要意识到尽量走出舒适区的重要性，并勇敢地进入新的、未知的领域。

关键在于这些练习要对所有孩子都有挑战性，而且不能让任何一个孩子认为，他们只是从一个成功行至下一个成功。一直成功的经历可能会强化孩子的固定型思维，让他们认为自己非常聪明，不需要投入任何工作或努力就能达到目的。这些孩子应该接受更多的挑战，他们也需要经常做出更多的努力去完成手里的任务。

此外，还应教孩子们形成"暂停一会儿"的心态，从旁观者角度审视自己的学习过程。学会把自己放在其他人的位置上，用不同方式学习，并整合自己和他人的优势用于学习，这是一个非常有用的技能。

教育者可以使用以下强化成长型思维的方法:

- 让孩子有进步的感觉；
- 关注即使是最微小的进步；

See the Good!
看见好品格

表1-2 不同类型的反馈模式

不同的反馈模式		不带有强烈情绪（Passive）	带有（积极的、鼓励的）强烈情绪（Active）
建设性的		1. 不带有强烈情绪的建设性反馈 - 很少或不表达情感 - 被动点头 - 不明显的笑 - 简单或简短的回答（"谢谢!""很好!"） - 如果孩子答错了：仅仅给孩子简单或简短回答 错或点评，或者让其他孩子代替回答 - 如果你不同意：简单或简短的评论这孩子所做 的尝试或表达欣赏，并解释不同意的理由	2. 带有（积极的、鼓励的）强烈情绪的建设性反馈 - 保持眼神交流 - 表现出积极的情绪（真诚的微笑、抚摸、眨眼、大笑）、积极的手势（如击掌、竖起大拇指、轻拍或主动点头等） - 说话时，用兴奋的语气表达；对回答或提出自己想法的孩子给予肯定；关注当下；鼓励的眼神，感谢他们的回答 - 如果孩子答错了：一起思考问题和答案；探索其他解决办法或答案 - 如果你不同意：积极倾听并对其他人的不同观点表示兴趣

46

Part 1 第一部分
幸福感是可以习得的

续表

不同的反馈模式	不带有强烈情绪（Passive）	带有（消极的、负面的）强烈情绪（Active）
破坏性的	3. 不带有强烈情绪的破坏性反馈 - 对孩子的回答采取中性反应或无反应 - 中性肢体语言 - 很少或没有眼神交流，转身避开，甚至离开现场 - 沉默 - 对于孩子的尝试或答案的正确与否，很少或没有反馈 - 跳至其他人或下一个问题，而不对当前回答的孩子进行正向反馈或纠错	4. 带有（消极的、负面的）强烈情绪的破坏性反馈 - 公开表现出消极情绪，如皱眉、不屑的表情，背对回答的孩子，或翻白眼，叹气 - 孩子回答错误时使用嘲讽的语气；对答案和回答者持否定态度（"不，这个答案是错的！"）

（改编自 KIPP 学校，Levin，2015）

See the Good!
看见好品格

- 把优势词汇用在口头表达中；("用你的坚毅完成这项任务！")
- 在自身的言语中强调优势的发展；("你注意到……有多勇敢吗！")
- 常说常新："当面对挑战时，大脑是如何发展的？"("我只是现在还做不到。")
- 鼓励孩子在练习时不急不躁。

成长型思维、品格塑造与优势教育密切相关。如果认为品格是动态的、是可以发展的、每个人都有巨大的潜力，那么我们可以让自己的优势更明显，将它发挥出来，令其更加有意义。对于从事儿童与青少年相关工作的人而言，上述论点是成立的，尤其是对那些需要与特殊需求孩子一起的教育者，这一点尤其正确。如果教育者越有意识地去发现每个孩子成长潜力的萌芽，孩子们的成长型思维发展就会越好。如果每天都面临不同挑战的情境，这种教育方式发挥的支持作用更大。

这一切都始于教育者的以身作则。如果家长和教师相信他们能不断地提高自己，每天都可以创设机会发挥自己的品格优势，那么家长和教师向儿童青少年传达的实际信息就是：

"我相信你！如果你说你不知道怎么做或者做不到，那么我的工作就是给你希望，告诉你，你只是暂时做不到，但总会做到的！"

Part 2
第二部分

Focuses on Character Strengths

聚焦品格优势

See the Good!
看见好品格

    每个孩子都有等待被发掘的优势和资质。成年人有责任把孩子的优势和资源用语言表达出来，并让孩子们意识到自己的优势和资源。谈论优势和利用优势也会同时改变成年人自己的工作思维模式，以及他们与孩子的关系。例如，可以将问题行为视作一种品格优势的盈余和另一种品格优势的缺乏，这样再谈及挑战就会容易一些。同时，也是最重要的一点，成年人在表达时保持积极的语言，将重点放在要学习的技能上，而不是孩子的人格。相比于谈论问题，谈论学习技能可以释放教育者和孩子的潜力。

Part 2 第二部分
聚焦品格优势

了解优势语言

当我们认识一种鸟类（例如乌鸦）后，会自然而然地开始关注花园中同样的鸟类。同样，我们也会逐渐注意到那些已经讨论过的优势品格。学习相关的优势语言让我们对优势更加敏感。随着对各种优势概念的逐渐熟悉，我们就能更好地发现优势。想要了解优势语言，可以从以下练习开始（Linkins et al., 2015）。

让孩子想象一个他尊敬和钦佩的人，用自己的语言描述此人令人敬佩的优势特征，然后将总结的特征汇总成清单。之后，向孩子介绍品格优势清单或者优势卡片，让孩子与自己汇总的特征清单进行比较。

一般情况下，两份清单之间会有很多相似和重叠之处。该活动的目的在于阐明一个事实，即优势无处不在。

我们只能谈论自己知道的事情。语言有魔力，会影响我们的思维方式和关注的内容。当我们逐渐熟悉了优势语言，就可以将其运用到我们生活的日常语言中。如果你想让课堂更加安宁，就必须先教导孩子们理解什么是自律和坚毅，以及它们对孩子的学习意味着什么。如果孩子们

See the Good!
看见好品格

不了解"纪律"这个词意味着什么,那么强调"纪律"只能是徒劳的。

重要的是当孩子们运用自己的优势时,他们能够识别出这是他们的优势品格。因此,家长和老师需要给予孩子们足够多的使用优势语言的反馈。当家长、教师或孩子发现某种优势正在发挥作用时,必须大声说出来。孩子在展示优势品格时获得反馈,会提高他们的自信,并鼓励他们进行更多的尝试。

当优势语言成为日常生活的一部分时,孩子们会对彼此的优势更加敏感,能够时常发现它们并给予积极的反馈。下面的语言范例证明了优势语言的力量是鲜活的。

"你有勇气在全班同学面前表演,这真的很勇敢!"

"当你站在同学的身旁,愿意为他们提供帮助,我看到了你在这种情况下表现出的爱心。"

"你注意到了吗,虽然你刚才喊了一句'你做不到',但是你仍然在坚持做这些练习。"

在谈论优势并鼓励使用优势的力量(优势肌肉)时,一个好方法是给予孩子更详尽的额外反馈。以表达"你很有毅力!"为例,我们可以这样更详尽的表达,比如"很高兴看到你完成了这个任务。这件事的完成需要很大的勇气,你自己注意到了吗?",或者"我确信,你没有马上给文章取个题目，是因为这个任务有点难。这次你做了什么不一样的事，让你能继续思考和不断努力呢？"

  当孩子们描述自己的想法或经历的事件时，很关键的一点是，让他们逐渐熟悉这些优势语言词汇，并自发地使用优势词汇。在课堂上，孩子们越是注意到同班同学的优点，课堂的互动氛围就会越好。

See the Good!
看见好品格

发现品格优势

大多数人至少能够认识到自己最重要的品格优势。品格优势也可以进行结构化测量，例如《VIA 性格优势测评》，这是一项被广泛接受、具有心理测量可信度的量表，有数百万人使用过。对于有特殊需要的人，也有相应的使用说明。

说出自己的优势也能给自己赋能。平时在语言中使用这些品格优势和技能的词汇，有助于我们在面临挑战时积极面对。《VIA 性格优势测评》的一个重要特征是，你从测试中不会得到任何负面的结果。即使有些优势不属于最常见的优势，也可以被视为另一种类型的优势，而不会被算作缺点。优势不会相互竞争，也没有任何优先级（Niemiec & McGrath, 2019）。

根据我们的经验，四年级和五年级的孩子（10~11 岁）也可以参加《VIA 青少年性格优势测评》（未成年人注册必须征得监护人同意）。参加优势测评对儿童来说是一种很好的自我认知练习，也是非常积极的体验——从测评中不会得到坏结果。个体在优势测评中获得的结果有时可

Part 2 第二部分
聚焦品格优势

能很有趣，有时也会令人困惑。例如，你可能会惊讶地发现，"爱"竟然是自己的第一优势，而自己最喜欢的优势却排在列表最末位。

优势测评结果可以引发一场有趣的讨论，当然你可以选择不同意或不接受这个结果。优势是可以发展的技能，而不是一成不变的特征。在进行测评之前，有必要讨论你具有什么品格，以及如何才能发展某方面的优势。优势之间不会相互排斥，综合运用优势可以使它们更加强大。正如锻炼你的肱二头肌并不会削弱你的小腿肌肉一样，锻炼自律的能力也不会削弱你的幽默感（反而可以改善你的幽默感）。因此，即使测评结果中的各项优势是以一定的顺序呈现的，也并不意味着一个人缺少某些优势。

除了《VIA 性格优势测评》之外，还有其他一些针对特定技能的综合优势测试，其结果可以为教育和教学提供参考。《行为和情绪评定量表 –2》（BERS–2）就是其中之一（Buckley & Epstein, 2004）。BERS–2 是一个多模式的评估工具，父母和教师都可以参与评估，从人际优势、家庭参与、内在优势、在校能力和情感优势五个维度对学习者的优势进行测量。

父母的角色很重要，特别是在为幼儿建立优势档案的时候。为了令家长会的气氛更活跃，教师可以先展示一系列的优势词或卡片，让与会家长从中选出最符合自己孩子的描述。优势卡片很适合在这种情境下使用。

See the Good!
看见好品格

除了确定孩子的优势外,家长们还需要对孩子的每个优势尽可能详细地阐释,例如:这些优势在家里是怎么表现出来的?其中最好的优势部分是哪些?父母在家里如何支持孩子发展自己的优势,期待学校如何提供帮助?之后,教师与家长们分享他们在学校里观察到的孩子们的优势故事。这是一个非常强大、积极,甚至是"神奇"的时刻。家长们通过新的视角更清晰全面地看到孩子的优势。和父母谈论并强调孩子的优势,这为将来的家校合作奠定了坚实的基础。

利用家长认定的优势,结合《VIA 性格优势测评》结果以及教师的补充,可以为每个孩子创建个人专属的优势档案。选出每个孩子排名前五的优势,然后张贴在教室的墙上。请注意,这不是任何一种形式的排名,而是有意识地展现所有人最好品质的方式。

下列未完成的句子有助于描述儿童自然的感觉和行为方式,教师可以使用这些句子与父母讨论:

- 孩子似乎最喜欢和_____的人一起玩;
- 当他们和其他孩子一起游戏时,最喜欢玩的是_____;
- 让孩子充满精力,并沉浸其中的事情_____;
- 孩子最美妙的时刻是_____;
- 孩子经历过很多困难的时刻,但看来他们从中学会了_____;
- 我认为孩子的优势包括_____。

教师可以让父母们写一篇关于孩子优势的短篇故事。在每天上课时，选择一篇与孩子们分享（可以使用盲盒的形式），让他们猜猜这是谁的故事。在教师或家长之夜，家长可以用优势语言写一个类似的故事，给孩子一个惊喜。

通过后面的练习，你可以强调多视角测评优势的重要性（Linkins et al., 2015）。

每个孩子都会从认识他的 5 个不同的人那里得到关于自身优势的反馈。这 5 个人可能是两名家庭成员或亲戚、两名同学或朋友，以及一名教师或学校里的其他成年人。孩子将向这 5 个人简要介绍由 26 个优势组成的优势列表，然后让他们对自己的优势进行评估。最后，孩子收集所有反馈信息，形成自己的优势组合。

三类品格优势

凯萨结合 VIA 理念和基于优势的教学经验，将品格优势分为三类（见图 2-1）。分类是为了更好的将品格优势教给孩子们，并用来支持家长和教师的教育和教学。

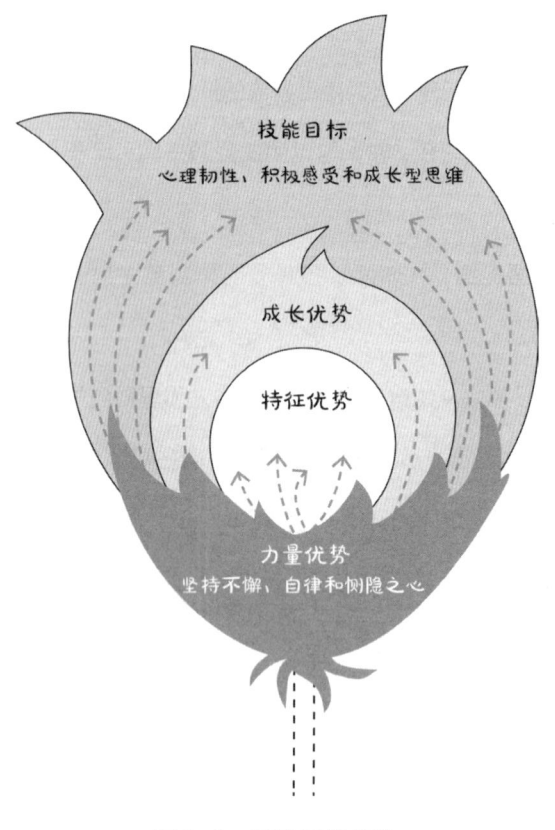

See the Good!
看见好品格

图 2-1 三类品格优势

力量优势

力量优势包括坚持不懈、自律和恻隐之心,是我们每天可以学习和使用的赋能工具或优势。它们使我们成为英雄——成为英雄与个人的持续幸福有关，做自己就是最好的自己。我们都有英雄时刻和暗黑时刻，积极教育努力增加英雄时刻，或者实现自我超越。正如亚里士多德所言，以自己的真实意志生活，就是塑造自己的优势。力量优势是日常英雄主义的基石，使我们的目标触手可及。

坚持不懈和自律是实现个人成长和发展的两项优势。善用它们有助于做有价值的事情、完成学习和工作、推迟享乐，也许还可以让我们坚持无糖饮食。恻隐之心能滋养自己的社会关系，并帮助我们在与他人共处时感觉良好，促使我们互相帮助。我们越是善用这种优势为对方考虑，就越能体验到更多的联结。恻隐之心也包括自我同情，这是让我们从逆境中恢复的一个重要因素。

特征优势

特征优势是每个人人格的重要组成部分，是独特的思考和行为方式。以下问题将帮助你描绘出自己的特征优势。仔细阅读优势列表，或关注优势卡片。对于每种优势，请思考：

- 这种优势能为我赋能吗？
- 使用这种优势容易吗？
- 在不同的情况下，这种优势都能体现出它的价值吗？

See the Good!
看见好品格

根据马丁·塞利格曼（2004）的研究，每个人都有 3~7 个特征优势。他认为特征优势应满足以下标准：

- 你觉得你"拥有"这种优势，即你认为"这真的是我"；
- 当你运用这种优势时，你会有一种强烈的兴奋感和沉浸感；
- 有了这种优势，能很快令你进入学习状态；
- 你在持续不断地掌握运用这种优势的新方法；
- 有一种必然性和这种优势联系在一起，即这种优势呼唤你运用它；
- 使用优势不会消耗你的能量；恰恰相反，它给了你更多能量；
- 你有一种内在动机去运用这种优势；
- 你有创造力，想把这种优势用于重要的任务，而你的成功正是因为这种优势。

根据塞利格曼（2004）的研究，在工作时、空闲时间和人际关系中运用你的优势，可以在很多方面给你的生活带来身心的健康和快乐。运用特征优势可以减少抑郁和压力的症状，有助于你实现目标，并帮助实现人类基本需求，如独立性、联结和胜任力等。

特征优势就像不同颜色的镜头，我们通过这些镜头看到了这个世界。这些镜头会影响我们的行为，我们在不同情境下的信念，我们提出什么样的问题，我们关注什么，以及我们有什么样的感受等。特征优势是令人愉悦的,帮助我们成为最好的自己。因此应当每天都表现一些特征优势,在与他人的互动中,特征优势之美更加显而易见。当我们有意识地运用自己的优势时,会发生什么呢?也许我们会注意到有些东西确实发生了变化。

成长优势

成长优势是指那些没有被活跃使用的优势。相比特征优势,我们需要更加注重成长优势的发挥。成长优势是我们新的可能性。它们往往是那些我们所钦佩的他人拥有的优势,或者那些可以帮助我们寻找生活新维度的优势。发挥成长优势并不一定是容易的事情,但我们可以更努力并有意识地、集中精力地去使用它。这是值得的,因为正如成长优势的名字一样,在我们走过未经探索的道路时,成长优势就在那里。正如特征优势的独特性一样,成长优势也是独一无二的。

See the Good!
看见好品格

了解品格优势

家长和教师们可以从本书及优势卡片介绍的 26 种优势中，选出那些最适合孩子的品格优势。我们建议从力量优势开始，即坚持不懈、自律和恻隐之心，因为这 3 种优势可以从很多方面帮助孩子学习，培养积极的行为，建立平和的课堂气氛。把力量优势作为长远的学习模块是重要且值得的。

各种优势之间不会相互竞争，但你可以集中精力学习单个技能或很多个技能的组合。你可以花时间学习某一特定的优势，或者跳过那些你觉得不重要的优势。在品格优势训练中，令人欣慰的是你会意识到"越学习，越容易"。你对优势的了解越多，就越容易理解新优势的本质并迅速学会如何运用它。

（本书我们将介绍对学龄期的儿童青少年尤为重要的 16 种品格优势。）

坚持不懈

Perseverance

坚持不懈(Perseverance)意味着拥有实现长期目标的激情。即便面临着或许无法克服的困难,坚持不懈者也必将始终坚持正在做的事情,遭遇挫折也不忘初心。坚持不懈让我们在最黑暗的丛林里顽强前行,寻找通往光明的道路。坚持不懈是一种强有力的工具,它帮助我们坚守既定的目标,努力工作,即使在某些时候需要做一些我们不感兴趣的事情。

你拥有的品格优势是:
Perseverance 坚持不懈

坚持不懈的具体表现

- 对工作善始善终。
- 即使不能保证成功，也要坚持到底。
- 在数周内持续从事某个项目或坚持某个爱好。
- 面对挫折或想要放弃的时候，也能继续努力。
- 能很快地从挫折中恢复。
- 坚持目标并为实现而努力，喜欢长期目标。

将坚持不懈作为一种品格优势

坚持不懈能使人在长时间内朝着一个目标努力。对成功的期待会影响坚持不懈，而坚持不懈反过来又促成生活中多方面的成功。自律优势常常伴随坚持不懈的出现。研究发现坚持不懈比智力对学习成绩的预测性更强（Duckworth & Seligman, 2005）。坚持不懈能使优秀者脱颖而出，使学徒成为大师。在高水平的运动、商业和科学领域，同样需要坚持不懈。成功人士都有着在自己的领域里不懈努力的过程，他们通过坚持不懈优势使自己的才能真正绽放。伍迪·艾伦（Woody Allen）曾说过："80%的成功来自迈出第一步"。同时成功也需要不断地努力。虽然坚持不懈不能保证成功，但成功离不开坚持不懈。坚持不懈的孩子能够处理困难任务，在学校里有突出表现。因此，对于有学习困难的人而言，坚持不懈是必不可少的优势技能。

坚持不懈是由积极的期待和想法发展而来的，比如积极的思维和内部语言。当你更看重并称赞努力的行为而不是天赋或结果时，坚持不懈作为一种优势就会得到增强。在培养坚持不懈的过程中，为了实现目标，需要重点强调努力的重要性以及个人付出的作用对达到目标的可能性。当你看到一个孩子或青少年遭受挫折、成绩不好、事情一团糟或特别绝望时，仍然可以设法应付这种逆境并继续做手上的事情，你便知道自己遇见了一个坚持不懈的人。

See the Good!
看见好品格

宾夕法尼亚大学心理学教授安吉拉·达克沃斯（Angela Duckworth）指出，坚持不懈的培养可以通过强调努力工作的意义和拼搏带来的快乐达到，还可以学习那些努力实现目标并在这个努力过程中付出巨大牺牲的人。

在坚持不懈的教育中存在着不少误解。其实，培养坚持不懈优势的目的不仅在于鼓励孩子们努力不放弃，更在于帮助孩子们找到激发他们内在动力的激情。这样，孩子们的坚持不懈优势就获得了成长的机会。在某种程度上，优势训练就是这样一个成长机会，毕竟学习目标的最终实现是令人愉快的。

感觉自己是有能力的，这是人的一种基本心理需求。越坚持不懈的人做事时越不轻言放弃，越能够体验到自己是有能力的。无论学习任何东西都需要坚持不懈。教师在设定教学目标和任务时，应当让孩子们感到需要通过一定的努力才有可能完成。通过坚持不懈来实现目标会让孩子们感觉是有意义的。这种"我能行"的自我认知，是非常有力量的，它将帮助孩子们更好地去面对未来可能面临的困难和挑战。坚持不懈优势还会给生活增添更多的乐趣和力量。

"绝不放弃，却总是在一件事情上纠缠，感觉永不言弃有时也会有些恼人。"这样的情况是不是很熟悉？每个教育者都可能遇到这样的孩子，很有可能这样的孩子异常地执着，你也刚刚发现了他的这一优势。当你发现某个孩子可能"过于坚持不懈"时，你有什么其他策略可以改变自己的这种看法？你当然也可以考虑如何引导他们成为一个充分发挥自己优势的学习者。只要他们在运用自己的优势方面得到正确的指导，他们肯定会在生活中取得成功。

因此，你还必须学会控制坚持不懈，否则你会很快发现自己处于这种优势的另一个极端，即不撞南墙不回头的顽固。成功和智慧的关键因素之一是要认识到什么时候该坚持自己的目标，什么时候要放弃。学会以负责的态度放弃也是很重要的。

每个人一生中都要面对无数次的挫折、被拒绝或失败。如何面对这样的逆境，是培养坚持不懈的关键因素之一。即便遭遇失败，我们也许会悲伤一会儿，但第二天早上醒来，我们会继续前行。我们需要尽早获得这些如何面对挫折的经验，避而不谈只会导致日后不可逾越的障碍。

在家庭环境里，如何同自己的孩子一起培养坚持不懈？根据安吉拉·达克沃斯（2015）的研究，每个家庭成员都有自己的目标或需要学习的技能，无论难易都需付出真诚的努力去实现或学习，这一点很重要。每个家庭成员都可以设定学习目标，而这些目标需要突破自己的舒适圈，不懈努力才能获得成功。

成年人可以树立一个榜样，让孩子们知道学会一种技能需要进行大量的重复练习。这将给孩子们传达一个信息，做有困难的事情和付出努力很重要，而家庭则是建立责任感的一个重要场合。当然，如果实在太难，你可以在"练习阶段"结束之后放弃。孩子们学习成人的意见很重要，但

See the Good!
看见好品格

他们不能中途停止，无论面对多少次的失败和挑战，他们都需要继续坚持。每个人的努力和行动都应该得到鼓励和赞扬，而不仅针对结果。对我们许多人而言，从小开始培养的爱好会带来一生的快乐，例如重要的人际关系，学会技能（比如会演奏乐器），或者通过某个爱好从事了一份职业。要想从小养成一个爱好，没有大家的鼓励和自身的努力是不可能的，尤其是在孩子们面对失败和挫折的时候。

如何培养坚持不懈优势

- 与孩子一起设定短期或长期的学习目标。
- 学习一些实用的技能以完成目标：
  - 做作业可能会遇到哪些障碍？
  - 如何制订一个做家庭作业的详细计划？
  - 什么样的环境有助于坚持做作业？
  - 什么样的物理环境有助于持之以恒完成作业（例如，在房间里做作业时把门关上，把手机关机）？
  - 为什么付出努力和认真做作业是有益的？
- 强调满足感；完成一件原本以为很难的事情时，感觉有多好。
- 鼓励寻求有挑战性的活动，比如新的爱好。
- 鼓励坚持重要的目的和目标。让孩子们注意到，当他们相信自己时，他们能发挥怎样的潜力，以及他们如何从坚持不懈中获得力量，并在面对困难的时候能够超越自己。

- 引导他们探索他们崇拜的人的生活故事，并在这些故事中寻找那些人的坚持不懈所在。以自己的行动为例，展示决心，集中注意力在终点的重要性。遇到的障碍会挑战我们的坚持不懈，那些障碍会把我们的视线从目标上转移一小会儿，导致内心的犹豫。
- 鼓励儿童青少年回想他们早期的成功，并以积极的态度和语言激励自己："我能做到，我能继续，我以前成功过，我现在仍然可以成功。"
- 在课堂上提供更多选择，孩子们有更多的自主性会增加他们对学习或做事情的投入。
- 当孩子犯错误或失败时，帮助他们将原因和结果与自己的特征区分开。考试不及格的原因最好是说学习不够努力，而不是不够聪明。
- 经常庆祝成功和学习新的技能。
- 讲述那些坚持不懈的学习故事。通过坚持不懈实现目标时有什么感觉？

> 完成练习,把你的坚持不懈鸦贴在这里吧

练一练

与孩子一起讨论关于坚持不懈的话题。

- 如果没有坚持不懈,你会成功吗?
- 你在自己的核心圈(你最亲近的人们)里见过哪些坚持不懈的表现?
- 有没有一个关于坚持不懈的故事真的深深印在你的脑海里?
- 坚持不懈总是一件好事吗?
- 你如何在自己的生活中培养坚持不懈,谁会第一个注意到你的坚持不懈,如何注意到的?
- 你什么时候坚持不懈地做了一件对你来说最重要的事情?结果如何,值得吗?
- 分组思考并讨论坚持不懈在课堂和生活中的表现。

练习1

与孩子一起研究与坚持不懈有关的新闻、图片和故事。讲述自己或名人在生活中的坚持,以及那些表现出极大坚持不懈的故事。

讲述这些故事的初衷,是让孩子们认识到,在任何活动或事情上取得成功或实现自己的目标都需要大量的练习。而多年的练习是需要一种叫作"坚持不懈"的巨大优势来支持的。如果可能,可以邀请一些在各自领域里取得成功的人,与全班同学分享他们为达到目标所付出的坚持不懈和努力。

练习2

观察自己、同学、老师、家人或其他人,在什么时候表现出了坚持不懈,整体记下,并加以描述。

练习 3

按照下面的指导语,开展为期四周的坚持不懈挑战。为自己设定一个想要学习的重要技能。选择一个目标,为每个人制订一个时间表和一个实现目标的计划,把目标分成子目标,并分别写下截止日期。在课堂上和生活中,检查你在实现自己目标方面的进展。与家人和同学互相加油!当你达到目标时,可以共同思考:

- 学习一项新技能需要多少坚持不懈?
- 是什么帮助你坚持你的目标?
- 遇到什么困难?
- 坚持并实现这一目标的感觉如何?
- 你的下一个目标是什么?例如,一些你想学的新技能。

练习 4

采访一个在生活中表现坚持不懈的人。这个人可以是老师、朋友、母亲、父亲、祖母、祖父、邻居、教练等。如果你愿意,也可以采访自己!在采访中,试着找出以下问题的答案。

1. 受访者的人生目标是什么,是否需要很多坚持不懈?

2. 他们遇到了什么样的障碍,使他们在实现这一目标时放慢了脚步?

3. 实现这个目标是什么感觉?它的实现对被采访者的生活有何影响?

练习 5

根据采访结果画一张图表，展示坚持不懈优势及其发展。并对每一关键点写下简短的描述。如果你愿意，还可以举例说明。向其他人讲述这个坚持不懈的故事，并带领他们一起踏上学习坚持不懈之路。

练习 6

讨论成功与成就，以及了解实现它们需要什么，这样做很有意义。局外人通常只看到结果，而那些付出的时间、努力、自律，以及可能的失望和牺牲，通常都不容易被看见。在考试前做一个冰山练习（见练习7）。冰山练习的目的是帮助孩子理解成功需要什么。成功会培养坚持不懈，以及获得尝试的渴望和勇气。

练习 7

冰山练习

成功需要什么？局外人通常只看到一场成功的演出，那些演职员们付出的时间、努力、自律，以及可能的失望和牺牲，通常都会被隐藏起来。

例如，冰山一角代表考试的目标分数或你可能追求的任何其他目标；而冰山隐藏在水面下的部分，是你实现这个目标所需要的全部内容。

把成功所需要的水面下的内容写出来。例如，回答以下问题：

- 你需要为考试学习多少天？
- 你需要为学习预留多少天？
- 谁能帮助你学习？
- 为了达到目标，你需要哪些品格优势？

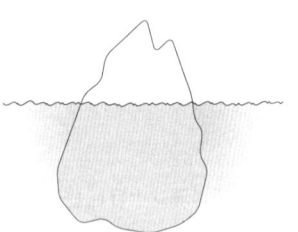

Self-Regulation

自律

自律(Self-Regulation)意味着能有意识地引导自己实现长期目标和短期目标,自律与你的内在过程、所有的互动情境有关,它指的是有意承担责任,并调整自己的行为以适应当前的情形。这表明你有能力管理自己的情绪,引导自己的注意力,抵制诱惑。自律也可以称为意志力、延迟满足、执行能力或自我约束。良好的自律能力在许多方面与身心健康、成功和快乐有关。

你拥有的品格优势是:
Self-Regulation 自律

自律的具体表现

- 你可以控制自己想吃橱柜里巧克力的冲动,因为你已经设定了不吃任何糖果的目标。
- 在学习情境中,你能够引导并保持注意力在目标上——不会玩你的手机,而是将你的思想和行动集中在学习上。
- 你对自己的情绪有觉察,你能意识到它们,知道如何处理它们。这增加了你的同理心,可以理解他人的情绪和意图,同时有办法应对自己在困难面前产生的各种情绪。
- 通过自律,你可以处理你的想法,就像想法可以随时来来去去一样。因为你能以正确的方式洞察你的想法,也能自己决定如何处理它们。
- 你能控制自己的欲望和感受,而不是被欲望和感受所控制。你能够决定你的生活方向,成为自己的主人。

将自律作为一种品格优势

自律的能力也许是人类心理最基本、最重要的应对机制之一，这种能力对你在日常社交场合的行为以及和他人的互动有很大的影响。自律是人们最希望拥有的优势之一，同时也是人们认为自己最少拥有的优势。

较强的自律能力与良好的应对方式、自我认识、积极的人际关系、情商、对安全感的拥有、更好的学习效果和成功有关。自律有助于身心健康，因为自律者的行为和环境是平衡的。

在幼儿园和学校里，学习自律和应对压力对孩子的身心健康至关重要。这些能力应当在儿童早期便开始培养。如果环境的要求与孩子暂时具备的能力相比过于严苛，他们就会感到不舒适，也无法发挥他们作为朋友或学习者的潜力。许多人类自身内在的困惑和外在的挑战，都与自律能力是否缺乏有关，因为学习和控制基本认知和情感的能力，是建立在自律基础上的。

自律不等于服从或遵守规则，它的意义更广泛。自律定义了学习者设定目标的能力，评估了他们在任务中的表现，并为不同的学习情境选择合适的学习策略。

自律是日常生活的有力工具，相当于人脑赋予的另一双手，你可以用它控制自己做什么、说什么，或者在情绪混乱时如何抉择。你可以把自律想象成一个操作中心，在这里按下按钮，你就能控制所有的活动、强度和持续时间。

See the Good!
看见好品格

自律也被比作因使用而疲劳的肌肉。当我们通过自律完成一项任务的时候，可能就没有足够的自律"余额"来完成另一项任务了。好消息是我们可以通过练习增强自律的"肌肉"。在一些特定的地方，比如课堂活动时或其他情境下，都可以通过练习增强自律的能力。这意味着自律不拘于情境，但是我们需要在不同的地方或场景练习增强自律，但也要允许它停下来休息。如果你注意到自己的自律能力正在减弱，但你需要它们来完成即将到来的任务，那么你应该在这段时间做一些其他对自律（尤其是意志力）要求较少的事情。我们越是主动寻求需要自律的情境，自律的能力就越容易得到强化。一些短期事件，比如在一项必要的、有些困难的活动上再多做几分钟，会对自律的增强有显著的正面影响。不过，学习自律不应当成为一种折磨，而应该是一种温柔、变通、富有恻隐之心的训练。

自律能力是遗传基因（类似品格）和环境中相互作用的结果。自律的发展受到元认知技能的影响，例如集中注意力和保持注意力。你的学业越需要独立、主动和自主完成，你就越需要自律。为了在学习过程中感到愉悦和获得内在动力，你必须相信自己是有能力实现目标的，而自律就是在这方面支持你的能力之一。

学校应该更加重视自律的意义，提供更多培养自律的练习机会。在练习自律的过程中，对孩子能够成功自律的经历给予鼓励和积极的正向反馈，对自律的培养是至关重要的。

学习自律是有趣的，但也是很难的，因为它虽有益但容易令人疲惫。自律的教育始于这样一种假设：每个儿童青少年都想做正确的事，而他们可能只是缺乏实现这一目标的手段。自律的培养会使孩子有能力在没有家长和教师指导的情况下，坚持学习，改善学习环境，顺利通过过渡期，与他人合作。

幼儿时的自律可以预见未来的成功。心理学家沃尔特·米歇尔（Walter Mischel）在20世纪70年代开展的著名的棉花糖实验证明，即使是年幼的孩子也能控制自己，延迟满足以达到他们的目标。参与棉花糖测试的孩子得到的指令很简单："你面前的一只碗里有一块棉花糖，另一只碗里有两块。如果你想，你可以马上吃掉一块；但如果你能等一会儿，就可以吃两块棉花糖。"几十年之后的追踪研究发现，能够等待一段时间的孩子，他们的学业表现更出色，更加健康，对生活控制感更强（Mischel et al., 2010）。

提前制订计划可以在不同的情况下对自律能力产生积极的影响。例如，如果预知我们将要遇到一个烦人的或难以相处的人，我们可以在心理上做好准备，避免自己在与之打交道的时候过于激动。这同样适用于

See the Good!
看见好品格

与孩子的相处模式。如果家庭作业是阅读 5 页文章，在放学的时候就可以开始做准备，可以让他们提前思考，问问他们会在哪里、什么时候完成这项作业。

自律的能量是有限的，应当把它留到具有挑战性的时刻使用。通过事先计划好的日常活动和良好的安排，可以保证一天的顺利。因此，与孩子们一起，每天早上重复同样的、经过验证的例行程序，让学校和家里的日子变得可预测，是个不错的方法。这同样适用于成年人。如果我们希望通过锻炼提升我们的身心健康并养成锻炼的习惯，那么就应该在计划锻炼的日子准备好健身装备，下班后直接去健身房。这样，我们就不需要花时间通过自律来决定当天是否要锻炼。由于我们已经决定采取某种行动，我们也一定会逐渐养成一个好习惯。

自律可分为两个部分。第一部分，体现在孩子的外在行为。也就是说，他们如何遵循成人的指导，调整自己的情绪和行为适应不同的情境。外在行为在家里和学校尤其受到重视，因为控制自己的情绪和行为的能力极大地影响了孩子在学校的表现和应对社交场合的能力。第二部分，强调对认知技能的控制，换句话说就是孩子如何在各种学习情境中引导他们的思维模式、设定目标和使用问题解决技能。

在学校，自律的外在行为具体表现为：

- 按时上课，并做好准备（带上他们的学习用品、课本等）；
- 记住要求并遵照执行；
- 立即做练习，不拖到最后一分钟；
- 注意力集中，即使受到干扰也能保持专注；
- 在独立工作和学习时保持专注；
- 即使有人在教室里活动或说话，思想也不会开小差；
- 在需要时能够保持安静。

自律的内在行为表现为：

- 尽管受到批评和挑衅，仍能保持冷静；
- 不打断别人说话；
- 能够礼貌地对待同学和成人；
- 能够控制自己的脾气或欲望；
- 能够控制自己的言行。

孩子自律能力差的表现，是无法控制自己的冲动和情绪，难以独立工作，以及难以开始做事情；或者，从另外一个角度讲，停止一项事情也有难度。自律的优势影响着一个孩子是否有能力被群体接受，以及他们如何体验自己的成功。因此，自律能力也是建立自信心非常重要的一部分。

See the Good!
看见好品格

据观察，自律能力差会增加被社会排斥和攻击的风险，容易导致一系列问题。孩子无法控制自己的冲动，迅速爆发，在课堂上大喊大叫，这些表现都可能引起老师的负面关注。一起玩的时候，孩子们会倾向于排斥那些易被激怒的同伴。这些自律能力差的孩子们，在最糟糕的情况下，没来得及思考就会动手打人。自律能力差的成人面临的挑战可能包括药物滥用、赌博、暴食，甚至犯罪。

如何培养自律优势

- 给孩子机会和时间，让他们思考如何在不同的学习情境中指导自己的行动；互相分享经验，互相学习。自律取决于学习情境中设定的机会和要求，教师可以停下来，定期思考你的教学方式。结构化活动不能给孩子们提供自律的机会，因此，让孩子们学会为自己的行为和学习设定目标，这一点是很重要的。
- 与其让孩子进行机械化练习，不如为他们提供更多选项，让他们有更好的机会去设定自己的目标和活动框架。例如，在班级里提供更多可选项和合作机会（小组项目），这样可以提升孩子的动机水平，培养他们的自律。
- 花点时间思考情绪感受，并学会识别它们。将情绪技能的学习加入你的每周计划里。
- 在学习和做作业的地方，确保没有其他引人分心的东西。教会孩子们如何排除这些外在干扰，这也有助于培养自律的技能。这一点特别适用于手机和其他设备的使用。你们的学校里对使用这些电子设备有什么样的规定？

- 学习时安排定时的休息，确保孩子们不饿也不渴。
- 一起练习让自己平静和舒缓下来的技巧，为手头的任务和自律的培养积聚更多的力量。
- 让孩子们反思自己的自律经历：什么时候会比较困难或难以自律？这是为什么？什么时候做到了自律？如何从中受益？做到自律后的感觉如何？通过自律实现了什么？
- 儿童年龄越小，在成年人的帮助下引导他们实现自律就越重要。当涉及个人目标时，比如在课堂上的学习和问答，以及涉及与他人相关的目标时，可以尝试着将自律技能用语言表达出来。这同样也适用于在面对他人时，为他人着想，表现友善，即使是在冲突之下也能控制自己的情绪等。
- 自律可以像一张照片一样伴随你的人生旅程。在需要冷静下来处理手头任务的时候，它可以作为很好的提醒工具发挥作用。自律鸦是优秀力量的形象代表，你可以在早上邀请它坐在你的肩头，让它在一天中的任何情况下为你提供正能量和力量。

完成练习，把你的自律鸦贴在这里吧

> **练一练**

与孩子一起讨论关于自律的话题。

- 什么是自律？
- 在什么样的情况下需要自律？你今天运用过这种优势吗？
- 缺乏自律会给你或整个世界带来什么后果？
- 自律是件好事吗？
- 你在什么样的情形下希望拥有更好的自律技能？
- 如果自律是一块肌肉，你将怎样锻炼它？
- 讲一个故事，在故事情境里，你期望有更优秀的自律能力。

练习1

一起做一个自律测试。把棉花糖放在每个人面前的桌子上，测试一下你是否能够不去吃它。想了解著名的棉花糖测试，可以在互联网上找各种有趣的介绍视频。

练习2

设置一个学习自律的活动周，让孩子选择一件需要付出更多自律的事情。填写表格，为自己设定一周的目标。在那一周，记录下自己在自律方面取得的成功和遇到困难的地方。

练习3

在那一周里，观察自己、同学和老师，在行动中见证自律优势。当你看到其他人在练习这个技能时，与他们聊聊。当你能在不同的情况下控制自己的行为时，要记得表扬自己。关注接下来的积极成效，并与他人分享你在学校的观察结果。

> **练习 4**

在艺术和手工艺课上,孩子们可以创造出自己的优势代表动物。你的自律优势代表是哪种能够赋予你力量的动物呢?

恻隐之心

Compassion

恻隐之心（Compassion）[1] 意味着与他人的真诚相处，站在对方的角度倾听。恻隐之心包括与他人建立连接和对他人的需求敏感。通过恻隐之心所被赋予的意义的体验，能够同时增加给予者和接受者的身心健康。

---

[1] 一种比同理心更高阶的能力。——编者注

你拥有的品格优势是:
Compassion 恻隐之心

恻隐之心如何表现在你的行为中

- 恻隐之心是你的人生的外在表象，会有意识地伴随你的一生。
- 你愿意为他人花时间，为他人的利益而工作。
- 你对自己仁慈，会原谅自己。
- 你可以设身处地为他人着想。
- 你会为别人的遭遇而触动，这激励你采取行动。
- 你对他人有细致入微的同情。
- 你体会过来自他人的恻隐之心，它的力量对你产生了强烈的影响。

See the Good!
看见好品格

将恻隐之心作为一种品格优势

恻隐之心是友善、利他和合作导向的行为背后最重要的驱动力之一。富有恻隐之心的行为，通过满足助人和社会互动的需要而产生幸福感。恻隐之心意味着能察觉他人的情绪状态，认识到同理心的必要性，并在不将自己的观点强加给他人的情况下为他人的利益而行动。恻隐之心意味着愿意洞悉他人的痛苦和快乐。

为引导出自己的恻隐之心，你可以问自己："为了成为最富有恻隐之心的人，我今天应该怎么想，怎么做？"想一想，用自己的恻隐之心如何对待这一天中遇见的人，或者如何处理遇到的各种问题情境？你可以有意识地让恻隐之心驾驭你的行为，相当于是一种以恻隐之心为导向的自动驾驶。尝试把恻隐之心融入你的思想中心，会增加我们关心他人、爱护他人的行为。

恻隐之心的字面意思是和某人一起承受，或者同理他人的感受。这可能会产生负担，但你同样能够收到来自他人的恻隐之心，这可以让你重焕活力。我们也应当认可对自己的恻隐之心。与他人的高度同理心能促使我们采取更富恻隐之心的行动，同时也能敏感地察觉到自己和他人对恻隐之心的需求。恻隐之心不是软弱或赞美，但也包括感受到他人的负面情绪。富有恻隐之心的教育者明白这种优势品格也需要适度。

恻隐之心是幸福的基石之一。一般而言，一个有恻隐之心的人更快乐，认识有恻隐之心的人也会更快乐，即便他们没有主动做出展现恻隐之心的事情也是如此。让恻隐之心参与你的行为，会增强你的妥协、协商和修正的能力。恻隐之心会提升你把别人的需要放在自己的需要之前、将更大的利益放在自己的利益之上的能力。

同情自己不是自怜。自我同情是对自己的真诚欣赏，带着恻隐之心看待自己的处境和可能的感受；自我同情是指照顾自己的身心健康；自我同情还强调有意识的存在，花时间倾听自己，对自己的生活采取更温和的态度。

恻隐之心是一种内在的品质，每天对这种品质进行保鲜是很重要的。你可以而且应该培养恻隐之心，因为这也是一种技能。学习恻隐之心的技能总是有很多的机会，永远学无止境。学习恻隐之心是一段过程比目的地更重要的旅程。练习恻隐之心，可以把注意力从想法和忙碌的生活中转移出来，这样你便可以关注他人，把自己的时间用在关注他人身上❶。

许多人都有同理心，可以理解并关注他人的处境。尽管如此，人们并不一定会采取行动来减轻他人的痛苦。恻隐之心建立在同理心的基础上，但它也会导向行动和作为。恻隐之心和爱是并行的，两者都是由情

---

❶ 在中国传统文化中，我们更多关注他人，可以通过练习适当关注自己。——译者注

See the Good!
看见好品格

感和行为组成的。这些行为又会产生其他积极的情绪,比如快乐、尊重和温暖。有恻隐之心的感觉非常好。

上学日的每一个目标都是支持并引导孩子与他人建立一种积极和稳固的关系。与那些对孩子们的经历、感受和想法真正感兴趣的人接触,可以培养恻隐之心和同理心。当你拥有同理心欣赏和共情的个人经验时,学习恻隐之心才是可能的。心理学家丹尼尔·戈尔曼（Daniel Goleman）认为,仅仅谈论同理心或恻隐之心是不够的,你需要以身作则。孩子们需要富有恻隐之心的榜样,以供他们认同和学习。

富有恻隐之心的积极学习氛围可以提高认知准备度。情绪对学习和记忆有很大的影响,消极情绪会在很大程度上阻碍学习。恻隐之心和同理心会产生积极的情绪,比如喜悦、积极的好奇、感激、兴奋和爱。把恻隐之心融入你的思维中,让它自然地表现在对待他人的行为中,给人们以滋养。富有恻隐之心的气氛会给人安全感,这是有效学习的一个重要因素。对那些需要特殊帮助的孩子和面临巨大挑战的孩子而言,这一点非常重要。即使只有一位真正关心儿童、让儿童觉得有安全感的成年人,他的存在也可能会对儿童的心理韧性产生决定性的影响。

培养恻隐之心技能可以从积极的自我认知和总体良好的情感技能入手,它们提供了向其他人和整个集体敞开心扉的机会。孩子们需要被教会如何处理负面情绪,一般而言,关心他人的能力会在与自己的斗争中失去,并被羞耻、嫉妒和仇恨等消极情绪吞没。

在学会恻隐之心时，你的关注点可以远也可以近。专注于近处意味着孩子们要学会仔细倾听，陪伴自己最亲近的人；专注于远处意味着孩子们要学会从更广阔的角度看待事物。他们也会学习审视全局，并在获得新信息时改变自己的视角。

如何培养恻隐之心优势

- 把关心他人、建立恻隐之心作为首要任务，并为此设定一个较高的行动目标。设定一个目标，去发现和感受别人——即使那些你不认识的人——的需要。
- 目标是扩大集体面，增强关怀文化，将集体从自己的班级扩展到整个学校。老师和孩子们的目标可以是每天在学校认识一位陌生人。
- 为孩子们提供帮助和关怀他人的机会，利用优势的关键是用自己的优势为他人服务，这正是基于优势的教育希望达成的目标。你从别人身上可以看到哪些积极之处？
- 学会成为一个关心他人的人如同学会演奏一种新乐器。每天的重复练习是很重要的，还需要一点开始时的激活和练习时的坚持不懈；在不同的任务里帮助他人，做志愿工作，并不断提高任务难度，逐渐使关怀和恻隐之心成为你天性中至关重要的一部分。

> 完成练习,把你的恻隐之心粘贴在这里吧

练一练

与孩子一起讨论关于恻隐之心的话题。

- 你为他人做过哪些有恻隐之心的行为?
- 在自己的生活中,你经历过哪些恻隐之心的行为?
- 看到不公正或痛苦遭遇会让你产生什么样的感觉?
- 为什么有些人极富恻隐之心?
- 哪些事或物有助于察觉他人的感受?
- 哪些事或物会构成对恻隐之心的挑战?
- 有哪些优势与恻隐之心有关?

练习1

恻隐之心最好通过不同的故事和戏剧来学习。媒体关于校园欺凌的报道中,许多被欺凌者在成年后仍然摆脱不了曾经的梦魇。以下是一位小时候曾遭受校园欺凌的演员亲口所述:"欺凌不是靠家长制止的,而是要孩子们自己勇于站出来。"他们想知道为什么孩子们很少干预欺凌行为——在任何一所学校里,我们曾经有多少次目睹这种情况视而不见?我们需要多少勇气才能做出有恻隐之心的行为?

练习2

在日常生活中审视恻隐之心。谁是你日常生活中拥有恻隐之心的英雄?关注你的家人和朋友们出于恻隐之心的各种行为。每当有人表现出恻隐之心时,你会有什么感觉?在学校的一周里,你可以见证哪些恻隐之心的行为?看看在媒体报道中是否可以找到恻隐之心的行为。

幽默

Humour

幽默（Humour）意味着你倾向于从积极的角度看待日常情境。即使在困境中，它也能带来欢乐和希望，让你欣慰、舒缓地微笑。如果运用得当，幽默能使人团结在一起，增进身心健康。幽默为你的生活带来轻松、愉快和笑声，甚至能帮助你拥有充满幽默的人生观。幽默作为一种优势，反映了你对生活及其相关现象的态度。

你拥有的品格优势是：
Humour

幽默

幽默的具体表现

- 你喜欢笑和开玩笑。
- 你有能力用适当的幽默来缓解情绪。
- 你具有积极的幽默感，即使在人生最黑暗的时刻，也能苦中作乐。
- 你可以自嘲和吐槽自己的错误。
- 你从不用过于严肃的态度对待生活，通过你的幽默感，你会找到快乐的理由，并感染他人与你一起笑。
- 积极的心态和让他人微笑对你很重要。
- 即使在不太容易的情况下，你也能在生活中找到点点滴滴的快乐和积极性。

将幽默作为一种品格优势

幽默是社会智力的组成部分,认可自己和他人的幽默感,欣赏幽默、大笑的能力,并将幽默作为一种应对机制。社交互动教会人如何使用幽默,并学会什么时候适合开玩笑。幽默是一种被欣赏的品格优势,幽默的人会被描述为乐观的、积极的和自信的。

幽默可被定义为:

1. 一种认知能力,比如讲笑话和编笑话的能力;
2. 欣赏幽默;
3. 容易被别人的笑话逗笑,有自己说笑话的意愿;
4. 对生活持积极乐观态度的人生观;
5. 有应对策略,或在逆境中保持幽默人生观的能力。

你可以培养自己的幽默感,并通过它改善身体健康状况。欢笑使我们放松,是对内脏器官的优质按摩。笑的时候,我们的身体机能处于活跃的状态,笑之后,我们是放松的、休整的状态。幽默能系统地激活人脑的奖赏系统,减少应激激素的分泌,提高免疫力。面对生活中的困难和挫折,幽默能起到非常重要的作用。幽默、和他人一起欢笑,会为生活带来很多积极的影响,特别是对美好明天的希望。幽默感能帮助你面对问题时退后一步,获得新的视角。

See the Good!
看见好品格

笑也会影响疼痛管理。虽然笑声和幽默不能消除痛苦，但它们能分散你的注意力，令你的注意力远离痛苦和悲伤，至少是暂时远离。有了幽默，你可以让自己与任何羞耻感保持一定距离，让内疚不再成为绊脚石。自嘲和拿自己的不幸开玩笑，可以让你洒脱地超越一切。幽默能使人更容易处理困难的事情，也能缓解负面情绪和想法。

幽默可以缓解紧张情绪，也可以把截然不同的人聚集在一起。幽默感与开朗或机智有关，是一种理解如何明智和恰当地给出幽默的能力，因为显然针对所有的事情和情况都开玩笑是不合适的。这种技能是幽默优势的重要组成部分。幽默高度依赖于文化。此外，许多职业群体都有其特有的幽默。

儿童的幽默感是在社交中发展起来的。家庭的幽默感对孩子自身幽默感的发展以及说笑的方式都有很大的影响。无论年龄，笑和幽默都是一种重要的社交游戏，在日常生活中珍惜它们是很有意义的。可以通过树立一个榜样，教孩子们如何在犯了错误或日常的情况下，灵活轻松地运用幽默，越早学习越好。这种能力能够让不快和消极自行消化。孩子们通常比大人笑得多，大人应该养成观察孩子欣喜和欢笑的能力，可以教会大人理解这种优势的重要性。

将幽默应用于教学中会起到效果，因为积极的感受能促进学习。此外，幽默和笑声可以增强儿童和青少年的凝聚力，减少相互之间的指责和竞争。幽默和笑声使你放松，从而减轻压力，提高学习能力。

如何培养幽默优势

- 引导儿童青少年勇敢地搭上幽默列车，创造机会让他们感受幽默的力量。向他们指出积极的幽默感会引发恻隐之心。有幽默感的人有能力，也有意愿使他人笑逐颜开，使他人身心愉悦。

- 幽默与社会智力有关，如果运用得当，就能以分享快乐和微笑为目的，营造一个积极的环境，进而吸引更多的人。游戏和幽默感是密切相关的，它们对触动新想法和激发创造力也很重要。

- 在考试前，观察幽默（笑话、视频或故事）对孩子的考试成绩或心态放松有哪些影响？

- 在孩子进行小组活动时，或者当他们可能需要空间来发挥创造力和表达自己的想法时，尝试使用幽默优势。

- 做个实验，测试不同的笑话在课堂上是如何起作用的。与孩子们一起观察并感受欢乐和欢笑的力量。讨论开别人玩笑和与别人一起欢笑有什么不同。

完成练习,把你的幽默鸦贴在这里吧

练一练

与孩子一起讨论关于幽默感的话题。

- 幽默感对你意味着什么?
- 人们是如何培养幽默感的?
- 幽默感总是一件好事吗?
- 为什么笑对你有好处?
- 为什么一起笑是一种很好的体验?
- 在你的家里通常有什么样的幽默感?
- 你有幽默感吗?
- 你的幽默感是什么样的?
- 你会恶作剧吗?
- 你会讲笑话吗?
- 你容易笑吗?
- 你会故意曲解文字或一语双关吗?
- 你是一个可以用形体扮小丑的人吗?
- 你是一个很会讲故事的人吗?

练习1

设定一个幽默周。 以幽默和笑声开始每一天的学习。老师可以让孩子以小组为单位,每个小组分别为班级策划幽默的早间广播,可以包括笑话、视频剪辑、游戏和其他有趣的内容。你注意到小组里发生了哪些新情况吗?用积极的方式迎接新的清晨,会让你在这一天里更轻松吗?笑声是如何让心情变得轻松的?快乐和欢笑是如何将大家联系在一起的?

练习 2

一起尝试"笑声瑜伽"。给校园生活增加一个目标,提高需要鼓起勇气一起大笑的频率。试着做一个"电锯练习",让笑声像电锯一样慢慢启动。一开始,老师可以充当笑声的发起者;然后,是拉动电锯启动线的人;之后,笑声,启动。开始时,你可以发出小小的窃笑,然后是更大的笑声,最后一次"拉绳"时,电锯终于启动,那便是你爆发巨大笑声的时刻。

练习 3

玩得开心,笑得开心。仿佛让每个人都拿着充满笑声的杯子,从一开始的小口啜饮,到后来的大口畅饮,最后大家一起用笑声干杯。这是一个需要大声参与的集体活动,试试创造欢笑是什么样子的。尽管一开始你可能需要强装笑声,但你很快会发现,即使是这种笑也对你有好处,让你觉得自己和别人是联系在一起的。从无趣中找到乐趣是一种很棒的能力。

练习 4

注意课堂上的笑声和欢乐。笑在很多方面都有利于健康和团结。记下欢笑的时刻,在每一天结束时数一数,看看你发现的欢笑的次数。

练习 5

浏览不同的笑话,看看这些笑话随着时间变化有何改变。和同学们想出一些新的校园笑话。容易做到吗?

热情

Enthusiasm

热情（Enthusiasm）蕴含着巨大的积极力量，它与对生活的满意度有着密切的联系。充满热情的人似有无穷精力去探索新事物，并且经常用他们的热情感染其他人。热情与好奇心、坚持不懈是紧密相连的，充满热情的人无论做什么，都有内在的动力和决心，并能取得诸多成就。对他们而言，生活是一次有趣的冒险，热情意味着活力。

你拥有的品格优势是：
Enthusiasm　热情

热情的具体表现

- 当你早上醒来时，会因新一天的到来而兴奋，通常你是充满活力的。
- 你积极而热情地看待新的一天带来的新机会。
- 你带着积极的期待去体验生活。
- 你的热情和正能量会吸引并感染其他人。
- 热情使你能够积极参与和提出问题。
- 热情赋予你动力，特别值得一提的是，你有内在的动力，能在觉得有趣的事情上坚持很长时间。
- 热情让你沉浸于你做的事情中，你不需要太多的意志力或自律便可以开始做事情。
- 热情有助于你在小组工作中发挥作用，因为它能激励人们开始工作，也能激发你新的想法。

See the Good!
看见好品格

将热情作为一种品格优势

热情是一种品格优势，带领你向前走，帮助你完成任务。热情很容易通过外在表现出来——它充满活力，拥有积极正向的情绪，能感染很多人；充满热情的人有强烈的驱动力想要做得更好；能够在自身热情的激励下，去积极探索舒适区之外的领域。热情是用来创造新的事物、是人们实现远大目标的力量。

热情的活力受人际互动的质量和社会环境（如工作场所或教室）氛围的影响。如果你相信自己，知道自己的长处，就会很高兴和一个热情的人打招呼，接受他们带来的活力。热情容易被批评或竞争熄灭，消极的气氛甚至能完全摧毁热情。因此，有热情的同时还需要心理韧性，这让你在仅凭热情无法实现目标，或者周围的人对你的热情不做回应的情况下，更能从容应对。

孩子们常常以各种方式表现出热情。他们渴望在热情和好奇心的驱使下探索周围的环境。对热情的培养和支持是很重要的，因为它能带来生活的乐趣，并打开通向未知的大门（与好奇心相呼应）。但不能强迫任何人变得热情。要谨记气质特点在热情中发挥的作用：有些人很容易并且迅速地兴奋起来。为了激发孩子的热情，你如何回应充满热情的孩子很关键，也就是说，要给予他们积极的认可。

可以通过支持孩子识别和增强他们的内在动机的活动唤醒他们的热

情。最开始是让孩子发现他们越来越喜欢做的事情。当他们逐渐了解自己的优势,孩子们会不断发掘自身积极性且充满热情的行为方式。这个优势就是对想做和喜欢做的事情的表达。

反馈对于激发兴奋感和内在动机非常重要。关注过程和孩子优势的、积极且令人鼓舞的反馈,提供了有关孩子进步的重要信息,能提高孩子的效能感和独立感。鼓励性反馈会激励你坚持,并在困境中助你前行。

如何培养热情优势

- 提醒儿童青少年过健康的生活,保障充足的睡眠和锻炼,这样他们将拥有热情的能量。
- 挑战孩子尝试新事物,包括那些体力要求高、需要实现突破的事情。鼓励他们鼓起勇气寻求帮助。
- 鼓励他们做出大胆的决定,成为生活的积极行动者,因为更高的独立性和选择自由会提升精力和奉献度。
- 鼓励儿童青少年多做他们喜欢的事。引导他们找到自己的激情,并沉浸于所做的事情:
  - 你喜欢做什么?
  - 什么对你重要?
  - 做什么样的事情让你获得能量?你能在日常生活中做更多让你获得能量的事情吗?

See the Good!
看见好品格

- 你在做事情的时候是否会忘记时间和身处何地?
- 生活中有哪些人和你有相同的兴趣?
- 什么样的人会让你激动起来?
• 如果你已经了解了自己的激情和热情的来源,那就想想怎样可以让儿童青少年抽出更多的时间去做最让他们兴奋的事情。

> 完成练习，把你的热情鸦贴在这里吧

练一练

与孩子一起讨论关于热情的话题。

- 做什么事能让你感到激动？
- 充满热情是一种什么样的感觉？你是强迫自己做这些事，还是真正喜欢做这些事？
- 在学校里有哪些事情让你激动？这对你的学习有什么影响？
- 你会在公共场合很激动吗？热情是如何体现在你的行为中的？

练习1

成为"热情代理人"。热情代理人的作用是用热情来激励他人，并且大胆、毫不掩饰、公开地表现兴奋。用热情点燃别人，并在别人身上发现热情优势：

- 敢于拼搏；
- 鼓起勇气；
- 要快乐；
- 对他人感兴趣并真诚地倾听，表现出兴趣；
- 欣赏他人的优点和长处；
- 关注积极因素。

练习2

做一项两个人的练习："什么让我兴奋？"采访你的搭档，找出他们的兴趣点在哪里，是什么激励了他们？

采访父母或其他亲人，了解自己小时候有哪些兴奋点和动力源，以及在哪些事情上愿意花费更多时间（见练习3）。自己如今是否还热衷于做那些事？或者兴趣是否已经改变？

> **练习 3**

　　采访你的父母，了解你小时候的兴趣点。你有好奇心吗？你喜欢画画吗？你经常一个人玩吗？你喜欢运动吗？你有想象力吗？你会在做某件事情上花很长时间吗？在这里列出你小时候喜欢的事情。

_____

_____

_____

_____

　　然后，思考：小时候的你在做这些喜欢的事情时使用了哪些优势？

_____

_____

_____

_____

_____

练习 4

让孩子制作自己的"警觉测试仪"。对自身警觉状态的识别是一项重要的技能，有助于控制压力，产生热情。让孩子们从探索自身的警觉性开始，通过"警觉测试仪"的帮助，识别出不同的感受。测试仪可能分为三个部分。

- 第一部分是警觉状态良好。当事情进展顺利时，你对所做的事情感兴趣，觉得自己可以控制自己的行为。你没有感到任何压力，只是享受这种感觉。这种状态可以用绿色标识。

- 第二部分是你开始不安的状态。你有点坐不住了，需要一些运动来提高自己的警觉。这种状态可以用红色标识。可以和家长、老师商量，确定你能做什么样的活动和休整练习，把警觉性调整到一个更好的水平。过于兴奋会导致烦躁不安，因此控制热情是一项重要的需要学习的技能。

- 第三部分可能是你困倦时的状态。你听不进去，无法专心。这种状态可以用黄色标识。这是当你接近入睡和非常无聊时候的状态。可以思考一下这种状态适合做的事情，一些帮助你提高和调整自己警觉性的事，以便在调整后继续学习。那么，在学习间隙增加什么样的休息活动，或者在课堂上一起做些什么，可以帮助保持警觉状态呢？

感恩

Gratitude

感恩（Gratitude）强化积极性，把人们团结在一起。当你意识到自己从他人和生活中收获美好时，就会感受到感恩之情。心存感激的人，几乎不会感受到沮丧或焦虑。感恩能让你更加理解人们，希望彼此行善，并且每个人都能感受到爱。

你拥有的品格优势是:
Gratitude 感恩

感恩的具体表现

- 你更容易发现别人为你做的事情,以及生活赠予你的东西。
- 你认为生命是一份礼物,而不是理所应当。
- 感恩的人生观给你带来幸福,令你的人际关系更亲密。
- 你对得到的机会心存感激,你的感恩之情会作为一种积极的力量传递给别人。
- 你对别人说"谢谢"来表达感激之情,这样做会让你们都感觉良好;
- 你不会耿耿于怀过去和你不拥有的东西,而是活在当下,对目前拥有的心怀感恩。
- 你很有韧性,感恩帮助你从生活中的困难和痛苦中恢复。

See the Good!
看见好品格

将感恩作为一种品格优势

感恩与幸福紧密相连，一些研究者认为这两个词几乎是同义词。感恩可以治愈过去的创伤，并将你的注意力引导向未来。这就是它增加希望的方式。

感恩作为一种品格优势，远不止于说"谢谢"。感恩是一种人生观。感恩是出于对你生命中所得到的东西的尊重。当你心存感恩时，就会明白美好的生活来之不易：很多事情可能仅仅靠自己是做不到的，还需要别人的帮助才能实现。

感恩的人生观可以减少嫉妒、焦虑和抑郁的症状。谦卑引导我们走向感恩，因为在它的帮助下，我们把注意力转向他人，感受来自我们周围的善意。例如，在接受帮助的时刻，感恩的意义就显得尤为突出。在这个时候，感激之情磨砺了人际关系的真谛，将受助者和施予者紧紧联系在一起。

感恩增加了积极情绪的产生频率和强度，因为在某种程度上，它会让你发现更多有意义的时刻。心存感恩的人，他们的大脑得到了训练，能够搜寻和培养积极的一面。人类的心理会对生活中的美好事物产生习惯，逐渐将之视为理所当然；而感恩恰恰相反，它会一次又一次地擦亮和突出生活中重要的事情和环境。

感恩的能力可能是孩子认知和情感发展的里程碑。早在幼儿时期，养护和关爱的互动奠定了感恩教育的基础。通过满足孩子的需求、关心和表现出积极情感，来培养他们的感恩能力。感恩还有助于提高身心健康和生活满意度。此外，随着青少年感恩意识的增强，感恩也会增加他们在青春期体验意义感的频率，这个时期是形成自我认同的关键时期。

如何培养感恩优势

- 与儿童青少年一起时，想一想有哪些合适的表达感激之情的方式，比如用文字或语言表达感激，或为他人做一些小的好事。
- 用这些方式方法引导孩子们关注值得他们感恩的事物，例如周围的人和他们的环境。
- 在每一天中都安排一些安于当下的时刻，例如小小的正念练习。教孩子们如何静下来，并使之成为一种好习惯和例行活动。更深入意识当下会增加对他人的同理心，这反过来又有助于推动团队中的积极互动。

> 完成练习,把你的感恩鸦贴在这里吧

练一练

与孩子一起讨论关于感恩的话题。

- 感恩是什么意思?
- 感恩与说"谢谢"有何不同?
- 在一生中,有哪些值得感恩的人和事?
- "感恩使人积极"是什么意思?
- 戴上感恩眼镜,环顾四周。你现在有哪些感恩的理由?
- 想一想你身边的一位值得感恩的人。你的感觉如何?
- 感恩难吗?
- 人们说感恩是一种非常平静和积极的感觉。这是为什么?
- 为什么感恩是有用的?

练习1

家长和孩子都可以写一本感恩日记,在一两周内,每天记录下3件进展顺利的事情,这些都是在某一刻对自己、对他人、对自己的生活心存感激的经历;老师也可以有一本班级的感恩日记本,每个同学都可以写下感恩的人和事,全班同学都可以传阅分享。在教室里空出一面墙,让每个孩子都能在墙上贴上一张关于感恩的便签。

练习2

做这样的练习:在我的家庭里,我感恩什么?让孩子们思考在自己的家庭中应该感恩的事情。为每个家庭成员准备一张照片,在照片下写下感恩的事情。

练习 3

做一朵花或一只小公鸡表示感谢。每一片花瓣和公鸡的每一根尾羽都代表着值得感恩的事物。

练习 4

为全班做一棵成功之树。每天停下来 3 次，思考与当时有关的很好的事情、顺利的事情，以及已经成功的事情。把每个想法都写在一片叶子上，粘在树上。观察班级成功之树在一周内是如何成长的。在一周的最后一天，检阅班级的成功汇总，并根据这些来思考值得你感恩的所有事情，最后一起庆祝每个人的成功和积极的经历！

练习 5

老师可以做一个感恩盒子放在教室里。养成每天暂停一次，思考感恩的习惯，例如在午饭后，让孩子们用一句话写下他们当时感恩的一件事，用这些积极的想法填满感恩的盒子。每周留出一点时间，让每个孩子都能从盒子里拿出一张纸条，大声读出来。然后一起想一想为什么这件事值得感恩，甚至小事都如此重要。

练习 6

让孩子们在课余时间关注他们所感恩的事情，用照片的形式记录下来。然后花点时间浏览他们拍摄的照片，一起思考每个孩子想用照片表达的感恩之情。

练习 7

写一封感谢信。让孩子找出一位曾对自己产生过积极影响,但尚未表达感激之情的人,并给这个人写一封感谢信。可以把信交给那个人,也可以自己保留那封感谢信。研究表明,即使只是写信(即使不寄出)也会对个人的身心健康有积极影响。

练习 8

在课堂上,先由老师向孩子描述他们对孩子深感感激的事件,然后由孩子们分享自己对老师和同学表达感激的事情。这个练习的目的是:表达对他人的感恩之情,并体现出以身作则的力量。

练习 9

父母可以把他们对孩子的感恩之情写在便签纸上,然后将这些感谢信拼起来挂在教室里。

创造力

Creativity

创造力（Creativity）包括尝试、敢于独立工作、展示创意、以新颖的方式做事和打破规则的能力。创造力以各种方式与人类的日常活动联系在一起，是人类最基本的生活技能之一。在创造力的帮助下，独特的想法源源不断地产生。创造力源于鼓励、想象、勇气，是以新角度看待事物的能力。创造力还需要一个安全的环境，让它能够在没有比较和控制的情况下蓬勃发展。

你拥有的品格优势是:
Creativity

创造力

创造力的具体表现

- 你有自己看待事物的方式,你有独特的想法和解决方案。
- 你很灵活,有勇气尝试新事物,思想开放。
- 你有独立思考和决策的能力。
- 你想出了非传统的做事方式,创造了新事物,为它们添加了你的个人风格。
- 你感兴趣的主题范围很广,你对很多方面都很好奇。
- 你不会回避新的经历、新的人或事。
- 你不怕冒险,会直接投入到做事的过程里。
- 你有成长型思维。

将创造力作为一种品格优势

创造力通常被认为是艺术家专属，艺术家是创造力大师。但事实上，创造力是一种体现在多方面的优势，它可以在我们每个人身上找到。创造力对人类的生存起着重要作用，同时也增加了每个人未来成功的机会。创造力意味着你能够在不同的情况下灵活行事，并且有勇气将所学技能应用到日常生活中。

创造力意味着有能力引导你的思维走向新的、未知的道路。创造性的过程是测试想法、解决问题和创造假设，产出的结果可以是思想、理论、行为、发明等。与创造力接近的概念包括好奇心、想象力、发现、创新和发明。对于一个创造性过程，很重要的一点是要敢于直接参与，有时会产出非常不寻常的想法和技术。要想应用创造力，你需要离开自己的舒适区，或者放弃传统的思维和行为方式。

创造性行动始于勇于以不同的方式看待事物。它要求个体有能力在新出现的混乱想法中找到秩序。创造力需要自律和心理韧性，同时也能增强自律和心理韧性。创造力的运用是有益的，通过创造力进入前文所述的心流状态会越来越容易。

教育研究荣誉退休教授、创造力研究者盖里·尤斯凯拉（Kari Uusikylä）认为，创造力是可以学习和教授的（Hakala, Konst, Uusikylä & Järvinen, 2017）。在所有的学习过程中，创造力都应该得到多样化的

See the Good!
看见好品格

发展，而不仅是局限于那些传统上更注重创造力的学科，比如艺术和音乐。在一个引导创造力的学习环境中，应当鼓励孩子进行尝试、提问、游戏和独立思考。成长型思维对创造性的活动起支持作用，该过程并不仅是追求一个正确的解决方案，或朝着正确的答案前进。

教授创造力不仅意味着鼓励儿童青少年的个体发展和自我表达，它更是建设美好未来所需的基本技能之一。创造力不仅存在于个体之中，它更像是一种系统性品质。批评、外因控制任务和与他人比较会抑制创造力的蓬勃发展。在只注重学业技能的传统学校里，其教学模式可能会扼杀创造力。然而，在未来，我们需要越来越多与思考和行为相关的技能，包括自律、坚持不懈、心理韧性、成长型思维和情绪技能等，这些都有助于创造力的产生。

作为一种优势，创造力是心理健康的重要组成部分。例如，那些可能是多动症的原因，在控制自己的行为或学习方面存在问题的孩子，也可能具有非常高水平的创造力。他们有不可思议的想法和方法创造性地解决问题，并在学习上取得进步。有了创造力，你可以应付非常困难的生活状况，为自己创造更加多样化的生活故事。

如何培养创造力优势

- 帮助孩子忍受不安全感和困难感，鼓励他们花时间解决可能出现的问题。
- 将成长型思维带入课堂。让孩子们有空间表达自己的想法；鼓励他们大胆尝试以及经历失败。
- 思考如何让孩子越来越多地找到激励他们的学习方式。
- 教给孩子保有好奇心以及控制想法和自我控制的技能，如自律和坚持不懈。
- 鼓励孩子以更广阔的视角思考问题。
- 鼓励孩子使用他们的优势并勇于冒险。
- 即使是最奇怪的想法，也要给试错留出空间。做傻事和幽默行为能增加积极的感受。
- 鼓励孩子们走出他们的舒适区，这样才能带来成长。
- 要求孩子通过绘画表达自己的想法，因为图片通常比文字更能说明问题。
- 营造一种接受和鼓励的氛围，让各种意见都有表达的空间。孩子的社交和互动技能是关键。重要的是，无论是课堂上还是生活中，要有容纳不同意见的空间，你要教会孩子如何尊重和积极地倾听他人的意见。

> 完成练习,把你的创造力鸦贴在这里吧

练一练

与孩子一起讨论关于创造力的话题。

- 创造力是什么?
- 为什么创造力常常被认为是艺术家和音乐家的优势?
- 所有人都在某种程度上有创造力吗?
- 创造力会是一件坏事吗?
- 在学校、业余爱好和家庭中,创造力是如何表现出来的?
- 你今天是如何表现出你的创造力的?

练习 1

就盖里·尤斯凯拉的思想进行分组讨论:一个有创造力的人有时必然会有些鲁莽,但创造力并不总是需要鲁莽。一个安静的思考者可能和一个质疑一切的人一样富有创造力。创造力属于每个人。

练习 2

通读以下《儿童创造力宣言》(E. Paul Torrance),并与孩子进行讨论:

- 不要害怕喜爱上某样东西,要去全力追求;
- 了解、明白、自豪、实践、发展、拓展并享受自己最大的优势;
- 学会将自己从他人的期望中解放出来;
- 找一位会帮助你的好老师或导师;
- 不要浪费精力追求全面发展;
- 做你喜欢做的事,做你能做好的事;
- 学习相互依赖的技能。

> **练习 3**

练习积极倾听。两人一组,一名孩子充当倾听者,只能通过点头表示赞同,不允许发声评论,只倾听和做记录。由另一名孩子讲述一个成功故事。讲故事的人会思考他们在这种情况下发挥使用的优势,以及他们如何创造性地发挥使用这些优势。讲故事的人是否完全沉浸在他们的任务中,他们后来的感觉如何?

> **练习 4**

倾听者写下他们的观察结果,或用思维导图等其他合适的形式表现出来。在此过程中倾听者创造性地收集成功故事的关键点和故事中表现出的创造力。最后,由倾听者复述他们听到的故事,重点强调他们在故事中发现的优势和技能。

> **练习 5**

想一想你最喜欢的活动,可能是足球、烹饪、写作、绘画、跳舞、学习,或任何能激励你的事情。将你喜欢做的事情画成一张思维导图,审视你自己是如何运用创造力去做这些事情的。创造力优势带来了哪些积极的结果?你从别人那里得到了什么样的反馈?在你喜欢的活动中,哪些能让创造力蓬勃发展?哪些阻碍了创造力?

> **练习 6**

就一个确定的主题实施一个创造性的过程。创造性的过程需要时间,可以将创造性过程分为不同的阶段:准备、酝酿、阐释和实施。记录下创造过程的每个阶段。在你的学习日记中详细描述这些情况,并记录过程中面临的任何挑战。

练习 7

考虑以下创造性环境的条件,想想在我们的经历中是如何实现这些条件的。

- 你有权说不。
- 相关人员之间必须相互信任。
- 每个人的想法都被鼓励。
- 所有想法都是被允许的。
- 可以承担风险。
- 即使人们的想法相互冲突,大家也可以和平相处。
- 讨论是开放和相互尊重的,认真倾听对方。

好学

Love of Learning

好学（Love of Learning）源于长期学习感兴趣的事情的内部动机。对学习的热爱包括查找、探索和对实践新技能或扩展已有知识的渴望。好学带领着你一次又一次地寻找到闪闪发光的信息宝藏。好学与创造力、好奇心、坚持不懈和自律密切相关。

你拥有的品格优势是:
Love of Learning 好学

好学的具体表现

- 你的认知专注于学习过程。因此,谈到学习、自律、使用元认知技能方面,你有高远的目标。
- 当你学习新技能、满足好奇心、学习全新的东西,或者在你已经熟悉的领域上拓宽知识面时,就会体验到积极的情绪。
- 你可用有计划、有决心的方式去探寻新信息和新技能。你很坚韧。
- 你可以坚持完成任务,即使在特定时刻这些任务对你没有直接好处。你了解所学学科之间更广泛的联系,并以各种方式拓宽你的知识面。
- 你一直喜欢上学、读书、参观博物馆,以及那些你能够学到新东西、增加知识的地方和机会。
- 你能很好地理解作为学习者的自己,你信任自己,你喜欢挑战和学习过程。使用这种优势对你来说是一种内在的激励和回报。
- 在最佳状态下,你会达到一种深度的心流状态。在这种状态下,时间和地点不再存在,你完全沉浸在正在做的事情里。
- 你重视永无止境的学习机会,寻找可以深化学识的机会。

将好学作为一种品格优势

好学意味着被学习过程所吸引。当感到学习有意义、有动力时，积极的情感就会作为副产品出现。好学，是教师期望孩子、父母期望孩子、雇主期望雇员所拥有的品格优势。好学是由内在的动机和探索事物的渴望所引导的。它不依赖于考试成绩或奖励等外部因素。好学是能帮助你面对挑战或负面反馈时坚持下去的优势。可以坚持下去是因为学习目标是自己设定的，并且成长型思维所支持的观点是：错误是新的学习机会。

好学是老师或家长无法灌输给孩子，也无法从外部控制的。学习环境对于激发学习的热情非常重要。当孩子在学习中是主角时，在充满玩耍、快乐、热情、好奇、宽容和鼓励的环境中，好学这种优势会蓬勃发展。好学不同于好奇，因为有了对学习的热爱，你会寻求知识，并在明确目标的引导下系统地、持续地建立起相应的能力。好学的优秀范例是各个领域的顶尖研究人员，他们几十年如一日地深入研究某些东西，拓宽自己的知识面。

好学使我们进入一种心流状态，也提升了我们在工作、爱好或友谊中的积极情绪和团结互助。例如，好学将团队成员团结在一起，因为所有成员日复一日、周而复始地共同练习、学习新事物，从而提高整个团队的学习技能。

好学是一种奇迹。在儿童青少年身上看到它，会在观者心中引发一

See the Good!
看见好品格

股暖流。好学的孩子会沉浸在他们正在做的事情中，或者睁大眼睛不停地观察手头的事情。好学确实应该被视为面向未来的优势，因为它是建立终身学习的坚实基础和不断发展自己能力的内部动机。

如何培养好学优势

- 为自己设定一个目标，鼓励孩子自由地学习和探索他们感兴趣的知识，并养成这个习惯。例如，用15分钟的"好学行动"启动新的一天。
- 引导孩子在与朋友、新朋友、家庭成员或亲戚见面时应用自己对学习的热爱优势。你可以试着从这些人身上学到新的东西。
- 通过玩耍和游戏增加合作机会。对学习的热爱可以来自不同于平常学习环境的合作。
- 增加孩子们在学习、学习速度、家庭作业量和时间表方面做决定的机会。
- 让儿童青少年以自己感兴趣的方式设计一次考试。向孩子介绍各种不同的展示自己掌握知识的方式。
- 举行"技能会议"，让孩子向自己的搭档或者全班同学传授一些自己擅长的新技能。
- 设定一周的目标，每天在学校认识一名新的成人或同学。

> 完成练习,把你的好学鸦贴在这里吧

练一练

与孩子一起讨论关于好学的话题。

- 好学是什么样的?
- 为什么好学在学习中非常重要?
- 你最近热爱学习的内容或者主题是什么?
- 你梦想中的学校是什么样的,它如何支持你对学习的热爱?
- 好学如何体现在你的行为中?
- 你怎样才能最大限度地激发对学习的热爱?
- 内在动机和好奇心与好学有何联系?
- 共同审视你所在的小组深深沉浸在学习中的时刻。在小组中,热爱学习是如何表现出来的? 当你沉浸在学习中时,你使用了哪些优势?

练习 1

好学与好奇心和内部动机密切相关。为了学习新的东西,你必须坚持不懈地达到这个目标,并且能够通过自律指导自己完成任务。为每个孩子选择一个学习科目,经过适当时间的学习,达到上述标准。

练习 2

从你的核心圈子(离你最近的人)中,选择一个你想了解更多的人。用好学这一优势,尽可能多地了解这个人的生活经历、优势和想法。注意:如何通过好学来增加自己的知识,同时加深你们的关系。

练习 3

在做家庭作业或准备考试时,要让好学优势发挥作用。把这看作是一个机会,而不是一种必须要完成的事情。通过互联网或其他合适的渠道搜索更多的信息。你找到做家庭作业或准备考试的内部动机了吗?讨论如何在日常生活中运用所学知识。

练习 4

用你的好学造福他人。记笔记并与朋友分享。回家把学到的东西教给家人。

练习 5

多去图书馆或博物馆。当你探索新事物时,要运用对学习的热情,告诉你所爱的人你看到的事情。写一篇总结,从你学到的最重要的事情中选出 5 件进行介绍。

练习 6

列一张清单,写出你有内部动机去学习的东西。想一想如何拓宽你在这些学科的知识面。你可以和谁分享你的信息?如果创建一个共享信息的社交自媒体,你能引发别人的好奇心吗?

爱

Love

爱（Love）包括接受、信任和安慰等行为。爱是关于关心和承诺的决定，它最接近所有最强烈的积极情绪。爱就像在另一个人身上的投资：你把最好的东西给了另一个人，作为回报，你的生活充满了意义。爱是至关重要的，因为它在人与人之间架起了一座桥梁，那是几乎可以承受任何东西的桥。没有这座桥，你会感到无比的孤独。

你拥有的品格优势是:
Love

爱

爱的具体表现

- 你重视与他人的亲密关系。
- 为了他人的身心健康,你不怕麻烦。你会打电话、发信息,关心他人过的好不好。你与朋友见面,并以多种方式向他们表示关心。
- 你愿意花自己的时间与他人日常接触,你希望陪伴他人。
- 你以积极的好奇心和尊重与所有人互动,连陌生人也是如此。
- 你很勇敢。有勇气对别人微笑,能主动与你不认识的人交谈,例如在公共汽车上。
- 你珍惜爱的邂逅,这是你的人生观。

将爱作为一种品格优势

爱是感觉，爱是行动。积极的情绪是爱的引擎。有了爱，你可以从整体的视角看待自己亲近的人。在你们的相处中，关怀、扶持和恻隐之心是相互交织在一起的。

在每一个充满爱的时刻，我们都会关怀对方，使对方身心健康。关爱是一种瞬间的、时开时合的连接，随着情况和感觉而变化。当你付出爱时，你会更多地为他人着想，相应地，你看到的矛盾会减少。因此，爱是所有亲社会行为的主要驱动力。当他人分享自己的生活经历和想法时，你的积极且有建设性的反馈，对感受到这些爱意时刻是至关重要的。

根据 VIA 行动价值哲学，有四种不同类型的爱：

- 父母和孩子之间的依恋之爱；
- 善良、同理心和为他人付出的恻隐之爱；
- 朋友之间的友爱；
- 配偶之间、女朋友或男朋友的浪漫之爱。

芭芭拉·弗雷德里克森教授研究积极情绪已有 30 多年。她的开创性工作为我们提供了大量信息。爱是一种感觉。弗雷德里克森认为，爱主要与另一个人的联系有关。爱对我们的健康和幸福很重要，在细胞水平

See the Good!
看见好品格

上影响我们的大脑和身体——爱的感觉通过催产素对植物神经系统发挥镇静作用。我们是为爱而生的,我们的大脑有能力进行爱的联系。

弗雷德里克森认为,爱的瞬间(即使是短暂的邂逅)也能激发我们的活力,振奋我们的精神。爱的瞬间包括与某个人的连接:眼神相遇、彼此分享积极的情感、获得安全感。无论这些爱的瞬间发生在一个亲密的朋友还是一个完全陌生的人身上,它都能为滋养精神和身体健康提供生命力。

所有积极的情绪都能促进身心健康。他们使我们更灵活、更有创造力、更有恻隐之心和心理韧性。爱是一种异常强烈的情感,因为它在两个人之间产生了非常深刻的共鸣。在爱的邂逅中,甚至在爱的瞬间,人们的积极性、热情和开放性都会增加,并增强彼此间的这种感受。

你可以在富有感染力的微笑中,在语言和非语言的交流中寻得共鸣。所有这些都是相互关心和扶持的表现。在这种情况下,人们会模仿对方的面部表情和手势,映照对方的情绪。微笑可以让我们创造维持生命的爱和积极的共鸣。

当一个人在讨论自己的生活事件时,能够表现出同理心和真正的兴趣;听别人讲述事情时,要理解可能有不同反馈方式。了解主动、被动、建设性反馈和破坏性反馈分别是指什么?

如何培养爱的优势

- 鼓励孩子给予积极的正面反馈。最重要的是真正专注于对方；此时是爱和积极的共鸣出现的时刻。
- 花时间做一些练习和活动，加强团队的紧密关系。当团队建立了连接，微笑和提升积极性的互动就会随之发生。
- 设立表扬圈、友谊周、鼓励时刻；公开表现温暖和关怀，同时强调对身体健康的益处。
- 强调培养亲密关系的重要性。鼓励孩子打电话、写作、交谈、陪伴他人，对他人感兴趣。

完成练习，把
你的爱心鸦贴
在这里吧

练一练

与孩子一起讨论关于爱的话题。

- 你如何定义爱？
- 为什么爱别人很重要？
- 为什么接受爱很重要？
- 如果没有爱，世界会怎样？
- 为什么爱自己很重要？
- 付出太多或太少的爱，分别会发生什么？
- 有哪些不同类型的爱？
- 爱的瞬间指的是什么？
- 你今天经历了什么样的爱的瞬间？

练习 1

老师可以在课堂上练习爱的瞬间：环顾四周，找到与你眼神接触的人，试着让他们露出微笑。你成功了吗？也可以组成一个微笑圈，每个人都手拉手，在圆圈准备好时，由一个人面向前方微笑，接收到的人回馈以微笑，并继续将微笑传递出去。你观察到这个圈子里发生了什么？

练习 2

设定一个每周任务，将每天发生 3 次有意义的邂逅作为目标。可能发生在家里、在学校，或在课余活动时，你的任务是把这些经历写下来，放到"爱的瞬间"的罐子里。

一起讨论为什么有意识地收集这些爱的瞬间如此重要（例如，"这样它们就会永远保存在你的心里和头脑中")。至少花 10 分钟在这些积极的经历和微小的时刻上，试着沉浸其中。你不应该让爱的瞬间很快溜走，应该有意识地享受它们。

练习 3

在学校的小组里计划如何增加本周课堂的爱的瞬间。这在实践中意味着什么？你认为这会怎样影响课堂气氛？

练习 4

"他人是很重要的！"在你自己的生活中以此为指导。观察这些新的邂逅是如何塑造你所在的小组的。

Fairness

公平

公平（Fairness）意味着理解"什么是对，什么是错"。公平意味着平等、友善地对待每一个人，不排斥任何人。公平会增加你和所在团队的幸福感。公平与恻隐之心、灵活性和正义感密切相关。

你拥有的品格优势是:
Fairness 公平

公平的具体表现

- 你知道我们都需要彼此,我们都在同一条船上。
- 对你来说,每个人都是平等的,都是同样重要的。
- 你倡导人们对自己的行为负责。
- 你认为每个人都得到平等的份额很重要;公平原则指导着你的行动。
- 你认为没有人被占便宜是很重要的。

See the Good!
看见好品格

将公平作为一种品格优势

公平是一种源于道德判断的优势,它让我们成长为负责任的人、值得信赖的朋友。道德判断意味着你具备有意识地处理已接收的信息的能力,以及从道德角度思考是非的能力。道德判断是多种心理能力的组合,基于有意识的推理和情感活动,甚至直觉。道德判断是在社会交往中建立起来的,以养育孩子为例,孩子们在与其他同伴组成小组一起活动时,会学到公平游戏的规则以及社会规范。

公平是基于公正的评价,包括逻辑推理、权衡不同的选择。一个公平的人会遵守共同的规则和契约,尊重他人,在需要时灵活变通。公平也构成了基于同理心和恻隐之心的关怀,它意味着把自己置于他人的位置,从他人的角度看待事物的能力。

从人与人的互动和幸福感角度来看,公平对待他人和自己是一种必不可少的品格优势。缺乏公平会导致家庭、工作和学校的冲突。即便是家务活分配不公,也很容易引起争论和分歧。没有人会欣赏一个不承担自己责任、在工作中不公平对待他人的同事。在家庭环境下,公平和平等地对待所有的孩子是很重要的,因为一旦某个孩子得到了更多资源和关爱,会立即引起其他兄弟姐妹的注意。在教室里,孩子之间的关系更加强调公平,比如谁排在第一位,轮到谁回答问题,或者小组是如何构成的,等等。

每个人都希望得到公平对待。你也希望在与朋友甚至和陌生人的相处中,大家都能公平相待。感到公平对你的自尊和自信有积极的影响。教师自身对公平的践行可以为全班树立榜样。教师在如何讨论道德问题,或如何积极面对多样性等方面发挥着重要作用。这有助于孩子了解如何公平地面对不同的人,尊重他们并给每个人平等的机会。

如何培养公平优势

- 思考如何增加公平行为,并在自己的生活和课堂中表现这种优势。公平在很大程度上取决于社会良知、从别人的角度看问题的能力,以及在不同情况下灵活思考如何令每个人感觉良好的能力。
- 观察有多个孩子在场的情况,例如,在课间休息或小组活动的情况下,是否每个人都有发言的机会?是否有足够的安全与宽容的氛围,是否包容所有的孩子们及他们的观点?
- 与孩子讨论,他们是否会让自己的感受和偏见影响他们对待别人的方式。
- 尽量多注意并引导孩子注意那些被忽视或形单影只的同伴们。想想如何在这种情况下表现出公平。设定一个目标,成为"公平斗士":发现不公平的事并为之争取公平结果。
- 鼓励孩子将那些不参与讨论的人吸收进来,征求他们的意见,使他们能参与讨论。

完成练习,把
你的公平鸦贴
在这里吧

> **练一练**

与孩子一起讨论关于公平的话题。
- 公平是什么意思?
- 你的良知如何影响公平行为?
- 同理心和恻隐之心如何影响公平行为?
- 正义是什么意思?
- 你要如何成长为一个公平的人?
- 你有没有说过"这不公平"?是在什么情况下这样说的?
- 有人欺骗过你或对你不诚实吗?你当时有什么感觉?这种行为在你身上激起了什么样的情绪?
- 为什么思考是解决问题的好方法?
- 公平与社交关系有何联系?

> **练习 1**

遇到不公平事件会激发人们做出正确的事情以及纠正错误的愿望。讨论你曾经用到公平优势的情况。当时感觉如何?公平如何激励你的行为?为什么公平行为会吸引人?继续这个练习,思考在学校课间和日常情况下增进公平和正义的方法。

> **练习 2**

老师在课堂上要确保每个人都能被倾听。在学校进行小组活动时,你觉得应该如何安排发言次序,想办法让每个人都有机会发言?如果有人不想大声说出自己的意见,大家也应该有达成一致的方法。

练习 3

一起制作一些"公平"卡片。发现公平的行为,并成为积极的裁判,感谢公平的行为。用这些卡片作为对公平行为的奖励。卡片上有对公平行为的具体描述,注明谁见证了它,以及具体情况。

练习 4

研究儿童青少年权益。公平如何体现在他们身上?

Courage

勇气

勇气（Courage）意味着尽管害怕或面临困难和阻力，你仍将继续你决定要做的事情。勇气并不意味着没有恐惧，而是可以心怀恐惧依然勇往直前。勇气拓宽了行动的领域，打开了通往新道路的大门，也会在必要时关闭一些大门。勇气是学习中的一个重要因素，强调容忍不确定性的能力。

你拥有的品格优势是:
Courage

勇气

勇气的具体表现

- 面对威胁、挑战、困难、阻力或痛苦时,你不会退缩。
- 即使面对阻力,你也勇敢地为自己的信念发声。你的行动基于你的信念和价值观念,跟随你内心的声音。
- 你有勇气突破自己的极限,敢于尝试,因为你已经注意到,培养勇气是一个只有通过行动才能实现的过程。
- 勇气让你在生活中不断前进,去完成你从未想过自己有能力完成的事情。
- 你周围都是相信你并为你加油的人。
- 你有能力从逆境中恢复,你能容忍不确定性。

See the Good!
看见好品格

将勇气作为一种品格优势

勇气是人们普遍追求的品质，是能够获得赞赏的品格。从神话作品到今天的漫画和每日新闻，都充满着以各种方式描述的勇气故事。

积极心理学的"印第安纳琼斯"，研究者罗伯特·比斯瓦斯-迪纳（Robert Biswas-Diener, 2012）说，勇气是通往美好生活的最短路径。内在的恐惧心理是很正常、很普遍的，但它们阻碍了我们的前行，阻止我们过上想要的生活。因为害怕而不去做某事往往令人沮丧，而有勇气去探索和学习新事物才是有意义的生活方式。同时我们也应当记住恐惧也有其重要的作用，因为有时质疑自己正在做的事情是有益的。勇气代表了有所为、有所不为的智慧。

勇气表现在很多方面：它可能是情感的、身体的、经济的、社会的、道德的，还有容忍不确定性的能力。我们中的一些人可能身体很勇敢，不怕从高处跳下来，但他可能非常害怕在别人面前表演；有的人则可以勇敢地走自己的路，而不在乎别人的看法。对一些人来说，在课堂上举手表达自己的观点需要很大的勇气，而对另一些人来说，结识新朋友给了他们勇气的体验。日常生活中有勇气的行为包括换学校、结婚、找新工作、加入新的爱好小组等。此外，亲密关系，比如对另一个人呈现诚实、信任或者脆弱，也需要勇气；在积极和鼓励的关系中，勇气会得到增强。

有许多类型的勇气事件和勇敢的故事值得一听。例如，在校园欺凌事件中，那些尽管害怕但有勇气站出来反对欺凌者的人，他们应该被重点表扬。同样的道理也适用于那些有勇气说出其经历的被欺凌者。为他人着想的富有恻隐之心的行为也需要勇气。

小孩子不一定天生便很勇敢，他们有各种各样的恐惧，比如，尝试新食物、被单独留在黑暗的房间里。在学校，他们的恐惧可能包括成绩不佳、被孤立和被欺负。对于即将成年的年轻人来说，选择自己的道路、离开家独立生活、选择专业和建立人际关系，都需要勇气。

如何培养勇气优势

- 与孩子一起，谈论那些勇敢的榜样故事，他们的经历和勇敢的行为，以及这些行为对个体自身和整个社会的影响。
- 建议他们去观察勇敢的人，从他人的勇气中为自己汲取力量和思想。
- 鼓励他们去接触勇敢的人，发现他人勇气背后的秘密。
- 引导儿童青少年思考他们通常因恐惧和不确定性而退缩或不作为的情况。考虑下一次如何根据自己的情况表现得更加勇敢。例如，提前想象有勇气去做这些事会是什么样子，可以准备一些可能会用到的话并加以练习，这些可能会有所帮助。
- 引导孩子从小处着手：做出一个勇敢的举动，看看感觉如何。建议他们在一周内做些增加勇气的行为，令他们注意勇气是通过果断的行为和行动发展起来的。实践之后，可以对自己说："加油，我做到了！"成功的经历也会激励你在未来克服恐惧，之后你可能会注意到：事实上，你原本最畏惧的事情其实并不那么可怕。

> 完成练习,把你的勇气鸦贴在这里吧

练一练

与孩子一起讨论关于勇气的话题。

- 勇气对你而言意味着什么?
- 你怎么判断一个人是否勇敢?
- 拥有勇气是什么感觉?
- 如果你不害怕,你会表现得勇敢吗?
- 有哪些不同种类的勇气?
- 你会过于勇敢吗?
- 在学校里需要什么样的勇气?
- 你如何战胜恐惧?
- 你能想出什么样的方法,或者你已经通过哪些方法容忍、处理、控制和减轻你的恐惧?

练习 1

讲述你的勇敢故事。后来发生了什么?感觉怎么样?同时还表现出了哪些优势?那是一种什么样的勇气(身体的、心理的或道德的)?你也可以讲一个关于勇敢的人的故事。他们做了什么?为什么会给你留下深刻印象?他们表现出了什么样的勇气?他们靠勇敢取得了哪些成就?

练习 2

让孩子连续一周关注新闻,找到一个描述勇敢的人和行为的故事,然后在课堂上讨论新闻播出的这些勇敢行为是哪种类型。

练习 3

做"勇气增强"练习。首先，写下标题《我感到害怕，但我决定不顾一切地行动》。想象一种情况，你在这种情况下通常会感到很害怕，但这一次，你决定采取行动。提前计划好下一个勇敢的行动，一步一步地在你的脑海中进行推演。

- 当时你感觉如何？你在想什么？（"我决定在全班同学面前做一个报告，我的心怦怦直跳。"）
- 你自己或其他人说了什么，做了什么，想了什么，帮助你克服了恐惧？（"他们为我加油，对我笑。"）
- 你内心的对白是什么样的？（"我告诉自己我能做到，因为我以前也足够勇敢。我的同学对演讲很感兴趣，向我微笑。"）
- 你什么时候注意到了自身恐惧的消失？你注意到了吗？感觉如何？（"开始以后，我就不再害怕了，演讲自然而然地进行下去。"）
- 事后感觉如何？（"我感到轻松和高兴，因为我有勇气在全班同学面前展示了，尽管我的脸都红了。"）
- 想象下一个需要勇敢的情境，你会如何安慰和鼓励自己？你会告诉自己什么？（"我能做到，因为我以前做过。我很勇敢，我可以做我自己。我会回想起以前的成功，从中获得力量。"）
- 你能从以前的经历里总结一些当时能激发你勇气且现在可能仍然对你有帮助的事情，并用到下一个情境吗？（"我会记得，尽管我很害怕，但我很享受开始的感觉，我成功地吸引了观众。"）

练习 4

想想这些关于勇气的名言。

"勇气并不意味着你不怕。勇气是即便被吓得要死,也无论如何要去做。"

—— 约翰·韦恩(John Wayne)

"勇气并非无所畏惧,而是意识到还有比恐惧更重要的东西。"

—— 安伯罗斯·雷德蒙(Ambrose Redmoon)

"并非所有的勇气都是预先给予的。需要的勇气来自于做需要做的事情。"

—— 约翰·麦克斯韦尔(John Maxwell)

"奇怪的是,这世上身体勇敢非常常见,而道德上的勇气却如此罕见。"

—— 马克·吐温(Mark Twain)

"除非你把自己推向极限,否则你永远不会知道自己的极限。"

—— 威廉·布莱克(William Blake)

"世界是一个危险的地方,不是因为那些邪恶的人,而是因为那些对邪恶无所作为的人。"

—— 阿尔伯特·爱因斯坦(Albert Einstein)

练习 5

开启勇敢行动周。商定孩子在那一周的勇敢行为。每天记录一个勇敢行为作为目标,思考它是身体的、精神的、情感的,还是其他类型的勇敢行为。

团队合作

Teamwork

团队合作（Teamwork）构成成员关系，将他人考虑在内，愿意分享并利用自己的优势实现整个团队的共同目标。团队合作包含互惠，对团队的积极依赖，以及通过共同工作获得动力。团队合作强调信赖、积极参与和欣赏他人。团队合作意味着能够看到别人的优势，并希望让每个人都体现出他们的价值。这是通过相互倾听、欣赏和鼓励实现的。

你拥有的品格优势是：
Teamwork 团队合作

团队合作的具体表现

- 作为团队的一员，你表现出色。
- 你具有团队精神，从他人的成功中获得激励。
- 您始终为团队尽自己的一份力量，分享自己的知识，并为团队的成功承担责任。
- 你明白在某个特定时刻，共同利益比你自己的兴趣更重要。
- 你了解自己、知道自己的特别优势，并且知道如何利用自身优势造福团队。
- 你知道如何激励他人，关注他人的优势，并让这些优势显现出来。

将团队合作作为一种品格优势

在我们这个时代,团队合作非常重要:它包含了美好生活所需的基本技能,而你需要在学校花很多时间练习这些技能。团队合作强调灵活的思维、为共同利益而工作的愿望以及从他人的角度看问题的能力。重要的是要学会灵活地看待自己的观点,并考虑他人的想法。积极向上的情感能促进团队合作的成功。你应该让团队充满热情,这样有助于很好地开展团队活动。善于团队合作者被称为"具有团队精神"的人。团队合作的能力是在日常生活中的各种社交互动情境里综合发展起来的,比如兴趣爱好小组。

在工作中,团队合作是一种品格优势,我们每个人都会或多或少地将自己的工作建立在这种优势之上。智慧和知识存在于人与人之间,因此可以通过多种方式的团队合作来加深自己的认知。你不会每件事都样样精通,但可以依靠团队和团队的力量达到目标,这样也能提高你自己的能力。

加入一个团队并与他人合作需要很多不同的、不断发展的技能。成功成为一个群体的一员对你的身心健康至关重要,因为人类是群体动物,渴望得到同类的认可。一个团队的力量在于它的异质性,通过发掘各自的优势,孩子们可以学会自己组建功能性团队。

欣赏性互动的基础是倾听的技巧,倾听是必须通过练习才能学会的。对自己的自我认识有助于促进团队合作。当你了解自己和自己的优势时,就能更好地接受团队中不同的人和观点。能够从"鸟瞰"的角度客观全面

See the Good!
看见好品格

地看待自己，并观察自己在团队合作中的行动，这是有益的。

我知道怎么为别人保留谈论或发展的空间吗？我敢发表自己的意见吗？我是积极的并会为了共同的利益而尽我的责任吗？我是否真诚并以尊重的态度倾听了别人的意见？

经济合作与发展组织（OECD）在《21世纪技能》和芬兰国家核心课程中也强调了合作学习和团队合作，内容中提到："学习是在与其他孩子、教师和其他成年人以及不同团队和学习环境的互动中产生的。它包括独立工作和与他人合作，并以不同的方式思考、规划、探索和评估这些过程。因此，孩子们的意愿以及培养他们一起做事和学习的相关技能在学习过程中至关重要。孩子们还被教导要考虑他们的行为对其他人和环境产生的后果和影响。共同学习提升孩子的创造性、审辩思维和解决问题的能力，以及他们理解不同观点的能力。它还有助于拓展孩子的兴趣。"

如何培养团队合作优势

- 不但自己给予积极的反馈，同时也鼓励其他团队成员给予反馈。接收反馈对于我们了解更多团队成员的情况是至关重要的。获得积极的反馈强化了孩子成为团队中有价值、有重要性的一份子的体验。在团队合作之后，可以使用优势语言给予积极反馈。
- 那时，你也要考虑他们可能需要有更多练习来提高他们的团队合作技能，特别是能够增加他们成功机会的技能。
- 在团队中工作时，最开始的目标可以是以好奇的和开放的态度倾听他人想法。需要注意的是，团队应当为新的、甚至是非常有创意的想法留出空间和余地，而不是立即否定它们。在准备阶段，要认识到每个团队成员的重要性以及他们带来的优势和经验。
- 引导孩子发挥他们的好奇心，通过他们的"优势眼镜"去看每个队员的长处。通过这种方式，在团队中营造积极的氛围，激发团队合作的信心。激发好奇心的一种方法是提出开放性的问题，如"是什么""如何做"和"为什么"。

> 完成练习,把你的团队合作鸦贴在这里吧

练一练

与孩子一起讨论关于团队合作的话题。
- 功能性团队是什么样的?
- 如果每个人都同意对方的观点,这样好吗?
- 你在团队合作中如何回应批评?
- 团队如何发掘每个成员的优势?
- 有哪些好方法可以用来组建一支功能性团队?
- 什么样的品质能让一个人成为具有团队精神的优秀成员?

练习 1

试想一下,如果你可以为自己打造一支梦之队,会邀请谁加入这个团队?团队成员可以是你认识的任何人,甚至是名人。你为什么喜欢团队里的这些人?这支梦之队有哪些能力?其成员有哪些优势?

练习 2

一支功能性团队建立在每个团队成员的优势之上。一些团队之所以能取得成功,主要是因为团结并以积极的方式领导团队,依靠每个成员的投入。芬兰国家篮球队"狼群"(Susijengi) 就是一个很好的例子,可以让孩子们去了解更多关于芬兰国家篮球队"狼群"的信息,想想其成功的秘诀是什么。对于那些在领域里处于领先地位的球员来说,他们需要什么样的团队合作技能?成功的团队和功能性团队还应具备哪些其他素质?了解其他成功球队的情况。看看不同团队的教练都说了些什么。他们看重什么样的球员?为什么?

练习 3

组建小组，探索成员的优势。在一张大纸上写下每个成员的优势，看看大家的优势重合之处在哪里，以及每个人的优势可以形成什么样的组合。找出你所在团队的前三大优势，并据此命名你所在的团队。根据优势布置小组成员的角色。你会如何分配所有任务，使每个成员在工作中都能将自己的品格优势发挥到最佳？

社会智力

Social Intelligence

社会智力（Social Intelligence）是指理解自己和他人在互动情境中的感受、想法和行为的能力，以及利用这种理解来支持自己的决策和行动的意愿。社会智力意味着能够灵活地面对不同的人，并使他们在充满挑战的情况下感到轻松自在。一个有社会智力的人在社交场合中会茁壮成长，因为他们了解自己，有同理心，并且能很快地学会社交场合的基本规则。

你拥有的品格优势是:
Social Intelligence

社会智力

社会智力的具体表现

- 你能够分析他人的行为。
- 你知道自己和他人的感受、想法和动机。
- 当你和他人见面时，会开启和他们的交谈，表现出对他们的兴趣。
- 你很容易结交新朋友，与他人建立并维持友谊。
- 你能够与他人沟通，在熟悉和不熟悉的情况下，都能够自然地表现。
- 你有语言天赋和智慧。
- 你行为举止良好，了解社会规范，不会做威胁他人的行为。
- 你有能力倾听他人的心声并具有同理心，因而可以采用更温和的应对方式而不是用攻击性的方式。
- 你可以计划自己的行动并做出决定。
- 你有能力选择要采取的行动，达到你的社交目标。
- 你知道如何处理失望，控制自己的情绪以及与他人友好相处。

See the Good!
看见好品格

将社会智力作为一种品格优势

社会智力是一套基本的人类能力，包括积极倾听他人、评估和接受他人的感受、有同理心、坚定、有恻隐之心、善良以及能灵活处理事情。社会智力使人们能够在社会情境中发现细节，能够分析它们，做出判断之后给出相应的行为。社会智力可以被描述为从你的头上伸出的触角，用它来探察人与人之间的语言和非语言信息、他们的动机和他们的感受。一个有社会智力的人能够以一种积极的方式（而不是操纵）利用这些信息，选择最适合于当时情境的行为，从而达到他们的社交目标。

如今，社会智力在学校和工作生活中都很受重视，但喜好社交和有社交技能是两回事。喜好社交是指能自然地享受和他人相处，并在工作、空闲时间积极寻求和他人的交往。一个"喜好社交"的人在社交技能方面也可能一窍不通。同样，一个害羞的人却可能掌握很多社交技能。

社会智力是一种后天习得的行为，它在你的一生中以多种多样的方式、在各种互动情境中得以发展。它的发展取决于在社会学习、教养和教学、互动情境中的成功和失败，以及你得到的别人对你行为的反馈。

社会智力与情商密切相关，情商是指识别和管理自己情绪的能力，以及识别他人情绪的能力。通过内化的自我调节，管理自己的情绪波动会提升你对他人的敏感度，确保良好的人际关系。

社会智力还包括遵守共同商定的规则的能力，这包括最高程度地尊重他人。社会智力也强调创造力，以适合情境的方式工作，这样所有参与社会情境的人的需求都能得到考虑。社会智力的表现是以谦卑为引导的，它同样要求你为了共同的利益而把自己的需要放在一边。谦卑促使我们减少以自我为中心，将他人及其需求作为行动的重点。

如何培养社会智力优势

- 鼓励孩子对他人产生兴趣，并练习积极倾听。在这种情况下，试着把注意力集中在另一个人身上，保持自己的头脑"空"的状态。真诚地倾听会让对方知道你很珍惜这次相遇。同时要学会给发言者让出空间，不要把你的观点强加给他们，相反，你可以试着从他们的角度看问题。
- 鼓励孩子在校内寻找并加入各种不同的社交网络，在那里他们可以练习社交技能。
- 共同思考孩子的行为将如何影响别人。审视你在与他人见面时的感受会产生怎样的影响，以及你的感受会如何感染别人，就好像将这个过程直播出来一样。
- 提高识别自己和他人感受的能力。引导孩子识别自己的感受，观察这些感受在社交场合产生的影响，讨论感受背后的触发因素。停下来，多想想你的感受，以及当你和别人在一起的时候，它会对你产生什么样的影响。

See the Good!
看见好品格

- 教育儿童青少年对观点抱有灵活性,并重视其他观点。
- 让孩子有更多机会与他人一起解决问题。
- 让孩子多谈谈他们参与的不同社会情境,讨论他们在不同的社会情境中的不同表现。
- 让孩子们思考某些不确定怎么做的场合。在这种情况下他们应该怎么做?

> 完成练习,把你的社会智力鸦贴在这里吧

练一练

与孩子一起讨论关于社会智力的话题。

- 社会智力是什么意思?
- 为什么说这是一项重要的技能?
- 我们需要什么样的技能才能在社交场合中正确行事?
- 学校里的社会智力行为有哪些?
- 喜好社交和社会智力有什么区别?
- 谁是你的社会智力榜样?
- 如何与朋友进行富有挑战性的互动来发展这种优势?

练习 1

练习积极倾听。一个人谈论一个特定的话题,另一个人只倾听、点头、做笔记;然后交换角色,讨论当你只被允许倾听而不评论时的感觉。

练习 2

做"水族馆练习"。由3~4名孩子组成一个小组假装身处水族馆,讨论一个给定的主题。小组外的孩子倾听这个小组的讨论并做笔记。当小组讨论结束后,听众开始讨论他们听到和看到的东西,分析其中使用了哪些社会智力?

练习 3

开展"识别你的感受,了解你自己"的活动周。在这一周,从情绪技能的练习开始,每个人都有机会思考自己的感受。

练习 4

情绪技能训练　在白天花点时间思考自己的感受。

(1) 在下面的情绪技能表 2-1 中,勾选一个最能描述你感受的词。

表 2-1　情绪技能表

负面感受		积极感受	
绝望	愤怒	欢悦	坚持不懈
忧郁	焦虑	热情	快乐
害怕	痛苦	幸福	爱
厌恶	痛恨	愉快	感觉良好
压力			信任
无助			感恩
紧张	不确定	放松	勇气
无聊	迷惑	希望	自豪
后悔	羞愧	善良	平静
不适	失望	喜爱	宽容

(2) 试着确定你的感受，把这个词写在下面的工作日表 2-2 里。

表 2-2　工作日表格

周一	周二	周三	周四	周五

认清你的感受是很重要的，这样你才能学会如何与它们相处。

练习 5

使用描述感受的图片和卡片帮助你识别感受。剪下不同的人脸照片，并将这些照片拼贴出来，研究这些面部表情及其背后隐藏的感受。在网上观看一些关闭声音的视频，试着从人们的表情和肢体语言中辨别他们的感受，讨论他们的感受对面部表情和整个身体的影响。在你的学校生活中也要加入其他情感技能练习。

练习 6

积极的感受很容易被理解，这个练习的目的是与团队分享你的成功。3~4 个人一组。让每个孩子提前想好自己生活中的一段很顺利的经历，这段经历对他当时和此后的身心健康产生了积极的影响。

练习 7

朋友们轮流分享他们的故事,其他人都是积极的听众。之后,由指定的一个人向讲述者复述他刚刚讲的故事,让他从别人口中再次听到自己的故事,感受到自己的成功。当指定的人复述完后,其他听众则负责将故事加以补充完善,并讨论讲述人在故事情境中用到了哪些优势。

练习 8

写一本成功日记。每一天,都记下一个成功或一件好的事情,比如让你微笑,或者让你高兴的事情。想想你在这些事情中使用了何种优势。

练习 9

思考什么样的朋友才是好朋友,以及为什么社会智力在友谊中如此重要。如果人们缺乏社会智力,社交场景会是怎样的情况?学习友谊技能的最好方法是什么?在一个好朋友身上,你看重什么样的技能?一起写一篇关于某个好朋友的描述,包括他们的品质以及社会智力的不同方面。

Hope

希望

希望（Hope）意味着相信一个有意义的未来，而且可以通过自己的行动影响未来。希望是指有能力看到不同的路径，它们都能把你带向为自己设定的目标。一个充满希望的人在生活管理方面富有经验，有能力激励自己运用这些技能。乐观主义是希望的近亲，它鼓励我们即使在黑暗中也能看到即将跃出地平线的黎明。

你拥有的品格优势是：
Hope

希望

希望的具体表现

- 你能够为自己设定明确而现实的目标。

- 你有能力激励自己找到新的方法，实现你想要的目标。

- 你的成功建立在坚持不懈的基础上，相信你的付出会影响自己的成功。

- 你期待美好的事情发生在你的生活里，同时也期待着他人、世界和未来都拥有美好。

- 面对逆境时，你不会轻易放弃。你拥有从过往经验发展起来的心理韧性。

- 你不会将失败看得太重。你有能力从困难中学习，因为你认为它们是帮助你进入自我学习旅程的一段经历。

- 你认为问题只是暂时的和不断变化的，因为无论任何问题，你都可以从自身出发做些什么，你可以影响它们。

- 你相信自己有应对技能，你可以影响自己的未来。

- 你有良好的人际关系。面对逆境时，你可以依靠别人，从他们那里得到支持和鼓励。

将希望作为一种品格优势

希望和乐观不仅是你与生俱来的品格特征,也是可以学习和传授的技能。希望聚焦于这样一种观点,人类行为在很大程度上是以有意义的目标为导向的。这些目标就像心理目标一样有短期目标或长期目标之分。它们可能表现为"我希望能够连续跑1万米",也可能是你在新工作中的愿景。充满希望的人具备"我能行"的态度,能听见鼓舞人心的内部语言。

希望是指拥有积极的人生观念,以及一次又一次地看到事物美好一面的能力。成功的经验、积极的反馈、充满力量的内部语言、令人兴奋的记忆、以及在通往新目标的道路上的心理韧性,这些都给人以希望。一个充满希望的人对自己的能力有强烈的信念和自信心,尤其是他们知道自己的优势,知道如何在许多方面利用这些优势来实现自己的目标。研究表明,希望与开朗、坚持不懈、有效解决问题的能力、多方面的成就以及良好的健康状况有关。

一个充满希望的人有经验去克服所面临的挑战。这种对自我能力的感知,来自特定情况下他们用到的自身技能、能力以及与应对预期等相关的经验。这种能力感阐释了"以成功哺育成功"的现象。当面对挑战时,你越相信自己能够成功并实现这个目标,你收集到可以证明自己能力的证据越多,进而预示着成功的可能性更大。

面对艰难的情况,一个充满希望的人或乐观主义者的看法与悲观主义者不同。在遇到困难时,乐观主义者倾向于关注那些暂时的、变化的和外在的因素。反过来,悲观主义者则认为困难的原因是永久性的,与

See the Good!
看见好品格

自身有关，因此困难的情况是不可变的。例如，在数学考试中未能取得好成绩，乐观主义者可能会认为他们学习还不够努力，而悲观主义者可能会认为他们不擅长数学的学习。这些不同的思维方式和解读模式在很大程度上决定了一个人面对困难时采取的行动。例如，在上述情境里，乐观主义者就会更努力学习，悲观主义者就会选择直接放弃。

如何培养希望优势

- 用你的行动和语言，表明你相信任何问题都是可以克服的障碍，付出的努力会有回报。榜样的力量是非凡的。
- 鼓励儿童青少年挑战自我、挺身而出，找到那些他们需要为之努力的场景。当他们在自己的生活中感觉到，他们可以用自己的行动影响事情的发展，甚至可以克服那些十分有挑战的情况时，乐观主义和成长型思维便会形成。随着年龄的增长，他们可以承担越来越大的目标和挑战，这些经历都为他们提供了成功的经验——"我太棒了，我做到了！"
- 以轻松的心情和积极的态度保持希望。学会享受你所做的事情是很重要的。实现目标不一定是一种负担或无休止的艰苦奋斗。它可以是相当有创意的、轻松的和愉快的。能够调侃自己和自己的错误也是一项重要的技能，因为每个人都会犯错，我们大多数人都会不只一次的犯错。保持积极的内部语言是很重要的。成长型思维有助于保持希望。

> 完成练习，把你的希望鸦贴在这里吧

练一练

与孩子一起讨论关于希望的话题。

- 为什么希望在我们的生活中很重要？
- 乐观主义者是什么样的人？
- 为什么相信未来及其可能带来的机会如此重要？
- 面对失败，你会如何解读？
- 这些解读如何影响你的行为？
- 我们如何激发自己的希望和乐观？
- 你敢梦想美好的未来吗？
- 你如何为自己加油？你知道怎么运用有力量的内部语言吗，就像对自己说"我能行"这样？

练习1

想象一下自己最好的未来。这是一个所有梦想成真、一切皆有可能的未来。到那时你会在哪儿？你在做什么？你感觉如何？是谁帮助你实现了目标？你和谁在一起，你的生活怎么样？

首先，为自己做一个思维导图，把所有这些想法都收集起来，用关键词勾勒出你对未来最好的憧憬。

其次，给自己写封信。勇敢地展望自己的未来。在信中写下你的目标、希望和梦想。描述一下为了实现你的梦想或职业目标你打算做什么。这些事情可能与学校、家庭、朋友或爱好有关。你能把目标分成更小的子目标吗？详细描述你在这个想象中的未来是如何度过的。你的一日生活是什么样的？你住在哪里？当一切皆有可能时，是什么让你快乐、给你欢欣？在信中写下 10 年后的日期，你并不需要寄出这封信，因为它是写给你自己的。如果可能的话，可以把信保存起来。

> **练习 2**

想象你梦想中完美的一天。当一切皆有可能，在你的道路上没有任何困难或挫折时，你会做什么？你那时是什么感受，你在做什么，你会和谁在一起？你梦想中的这一天和平常的一天有何不同？和同学讨论你梦想中的日子和平常的日子有什么区别。怎样才能更经常地实现你的梦想和目标？别人的意见如何影响你的梦想？你敢拥有远大梦想并大声说出来，还是害怕听到别人对你的梦想的看法？你敢于写下并大声告诉自己和他人你的目标，这样做对你有哪些帮助？如果目标没有实现会怎样？梦想会消失吗？向你的梦想迈出的最小的一步是什么？

> **练习 3**

给孩子们举两只不同的"你好鸦"的例子（见 P36）。之后，分组讨论你的内部语言是什么。你的内部语言是斥责的吗？它是不是在说"不值得"？还是你的内部语言是能够鼓舞人心的，激励你相信自己？消极的内部语言会造成哪些伤害？如何才能让内心的抱怨和怀疑的声音保持沉默呢？

接下来，画一只属于你自己的"你好鸦"。为"你好鸦"画一个语言泡泡，在里面写下一些相信你、鼓励你，帮助你坚持和持续尝试的话。把这只"你好鸦"放在你的书桌或桌子附近，或其他合适的地方。无论你走到哪里，都要让它带着那些鼓励的话越来越多地和你在一起。停下来倾听你自己的内部语言，理解那些话所表达的意思。如果有时内部语言是负面的，不要担心，这也是被允许的，只要它不成为一种习惯。消极的想法和感觉同样是被允许的,但你不应该一直听它们发言,而是应该感谢它们的存在,然后向它们道别。

练习 4

想象一下,5 年后你的两个朋友谈起你。他们在说什么?你听到他们说了什么?他们对你有哪些积极的评价?你在哪里取得了成功,生活又把你带到了哪里?他们钦佩你什么?你在通往美好未来的旅途中用到了你的哪些优势?

练习 5

想想自己在最近一周里的成功经历。这些经历如何增强你对自己的信心?写下这些成功的经历。想想成功经历带来的内部语言是什么。

你可能还会想,你最近在周围人身上发现了怎样的成功经验。你的团队敢于庆祝成功吗?成员们会鼓励那些成功的人吗?你敢为别人的成功而高兴吗?为什么今天的成功也预示着未来的成功?

好奇心

Curiosity

好奇心（Curiosity）是一种探索并提出问题、迈向新知识和新挑战的欲望。好奇心本身就是有益的，它是通向热情的大门，也是探险的机会。好奇心能增强幸福感，因为它激励我们探索世界、认识新的朋友、挑战自我。好奇心与勇气、好学和社会智力密切相关。

你拥有的品格优势是:
Curiosity 好奇心

好奇心的具体表现

- 好奇心激励你探索生活和世界；你还可以利用好奇心的优势，在新的情境中挑战自己。
- 你对能够大幅度实现自我发展、拓宽知识面的各种机会很感兴趣。
- 你为了获得更多关于事物的信息并加深理解，会不断地提出很多问题。
- 你会在自己的学习中积极主动。
- 无论何时何地你都渴望学习新的东西。
- 你喜欢结识新朋友，你对他们的生活故事和经历充满好奇，从他们身上积极地学习来拓展自己。对你认识的人，也如此。

See the Good!
看见好品格

将好奇心作为一种品格优势

好奇心是人性的动力,是成长和发展的引擎。好奇心的对立面是被动、懒惰和精神懈怠。好奇心会激发我们的注意力,激发我们对新的和前所未有的可能性的兴趣。好奇心激励我们去寻找自身的激情,让我们的生命火花持续绽放。好奇心甚至可以让你活得更长久。好奇心本身往往比满足好奇心更有价值。孩子们天生好奇,他们内心有着对知识的强烈渴望,带着好奇心,他们可以更好地了解这个世界。好奇心和兴趣是密切相关的,二者也是互相重叠的概念。

好奇心需要驱动力。你一定要知道想要寻找和探究的事物。好奇心的动机来自自信和积极的内部语言:"是的,我能做到!""是的,这是值得做的!"好奇心还与心理韧性有关,与建立新友谊的能力以及通过友谊体验意义的能力有关。

当我们学习新事物时,洞察力会释放大脑中的神经递质,促进多巴胺等递质的分泌。当我们在做由内部动机驱动的事情时,大脑中的这种内部奖励系统就会被激活。好奇心常常是我们内在动机的表达,因此会成为多巴胺水平上升的杠杆,这是奖励系统的重要组成部分。多巴胺本身也会引发好奇的感受。此外,它还通过帮助保持注意力来改善学习——当某种学习环境里存在新颖的,甚至令人兴奋的东西时,好奇心通常就会被激发,多巴胺水平上升,从而让学习更加专注和顺利。

事实上,激发好奇心和教学的本质就是唤醒孩子们对知识的渴望。

好奇心不仅在于发现,还在于探索。孩子必须有机会提出问题,花时间解决问题,并寻找可能的解决方案。问题必须是开放的,而不是仅仅为了得到一个正确答案。因为好奇心是强烈的、短暂的,与冲动有关,因此并不总能适应普通的课堂。当好奇心被激发时,人们通常想立刻了解更多关于这件事情的信息,并想去探索——有时可能会不合时宜。

好奇心是孩子们经历或看到有趣事物的反应。这可能会引发一个提问:"这是怎么发生的?"当好奇心被激发的时候,大脑会被唤醒,投入工作。印度积极教学先驱拉马普拉萨德·拉格万(Ramaprasad Raghavan)称为"啊!惊讶时刻"——这是怎么回事呢。找到这个"啊!惊讶时刻",便打开了通往好奇心的通道,也是教学中所谓"三个啊"的第一步。下一步是,当他们的好奇心被激发后,孩子们想知道为什么这个"啊!"发生了,它意味着什么?在好奇心的驱使下,他们开始在课堂上和家里探索从不同渠道看到以及听到的东西。当受好奇心驱使的学习者设法独自或与他人一起找到他们想要的东西时,在进一步理解和学习之后,他们会得到下一个"啊哈!顿悟时刻"!——原来如此呀。

好奇心会成为深入调查的动机,将他们带往下一个环节,即解决方案,并最终建立新的信息。乐趣和快乐是学习中重要的积极因素,所以最终的"啊哈哈!快乐时刻!"——我会了,又为学习注入了新的活力。

因此,你应该在好奇心教学中加入这些不同的"啊"元素,这样孩子们的角色就从被动的旁观者和倾听者转变为主动的体验者和实干家。

See the Good!
看见好品格

- "啊!"(好奇心被激起——啊!惊讶时刻)
- "啊哈!"(满足好奇心,加深对所学主题的理解——啊哈!顿悟时刻)
- "啊哈哈!"(热爱学习、轻松、获得灵感——啊哈哈!快乐时刻)

如何培养好奇心优势

- 引导儿童青少年对他们感兴趣的事情寻找更多的信息,并扩展他们的知识。
- 如果你每天用20分钟的时间来增加某个你感兴趣主题的新知识,很快你就会发现自己对这个主题会有非常深入的了解。
- 选择一个对你来说完全陌生的主题,利用你的好奇心寻找更多的信息。让自己接触新的信息、拥有新的体验。
- 了解不同文化背景的人及其生活方式。
- 鼓励孩子尝试新菜。
- 创造新的学习情境、学习环境或小组。改变你的日常学习习惯,创造全新的工作方法。
- 把勇气带入到好奇心中,并利用好奇心的力量,让孩子接受挑战,认识新的朋友。目标可以是每天在学校和一位不认识的成人或同学交谈。

完成练习，把你的好奇鸦贴在这里吧

练一练

与孩子一起讨论关于好奇心的话题。

- 人们为什么好奇？
- 好奇心有哪些好处？
- 如果没有好奇心，生活会是什么样子？
- 太多的好奇心会造成哪些危害？
- 回想一下你过去经历的一个真正好奇的时刻。是什么激起了你的好奇心？好奇之后做了什么？结果如何？
- 为什么好奇心对学习新事物如此重要？
- 社会智力与好奇心有何关系？
- 好奇心如何引导你建立新的关系，结交新朋友？

练习1

在搜索引擎的图片搜索中写下"好奇"。搜索引擎显示的是什么样的图片？为什么？你认为火星探测器为什么被命名为"好奇号"？

练习2

芬兰政治家马尔蒂在访问当地一所学校时，鼓励孩子们保持好奇心。他说："当我每天早上醒来时，我会想这是我生命中的第一个早晨，而不是最后一个。保持对这个世界的好奇心，试着去理解它。善待身边的人。"讨论一下，你认为他想要对儿童青少年传递什么信息？

> 练习 3

　　太空天文学名誉教授埃斯科·瓦尔陶亚(Esko Valtaoja) 曾说过: "好奇心是爱世界和爱自己的一种方式"。根据瓦尔陶亚的说法,你应该常做大脑保健操,让好奇心流淌出来,贯穿你的一生。瓦尔陶亚认为,好奇心是幸福和活力的源泉。可以与孩子们讨论一下他这段话所表达的含义。

> 练习 4

　　写一个星期的日记,记录下激发你兴趣的事情,并就这些事情去探索和发现更多的信息。想一想是什么激起了你的好奇心?为什么?你做了什么?好奇心是如何帮助你理解这个问题的?这些好奇心在这一周里对你有哪些帮助?

> 练习 5

　　规划一些关于特定主题的小演讲。想想你学到的有关好奇心机制的知识。你应该如何设计这种演讲,从而让其他人可以在这个演讲中体验到"啊哈"这样的好奇经历?

Kindness
善良

善良（Kindness）也是最重要的一点，善良意味着你对别人有友好的动机，你不期望任何回报。善良涵盖了爱、慷慨、利他和体贴行为等多个方面。善良是成功的人际关系和整个社会福祉的基础。真正善良的行为会传递出无威胁的信息，营造一种安全的氛围。

你拥有的品格优势是：
Kindness

善良

善良的具体表现

- 你不仅能发现他人的善良，自己每天也在做善事。
- 你对其他人感兴趣，为他们的幸福不怕麻烦，你为他人着想。
- 你能与人分享自己的东西，帮助他人，说友善、激励的话，做善事而不期望任何回报。
- 你与他人同甘共苦，即使在逆境中，你也会与大家同在。
- 你有同理心和对他人的恻隐之心。
- 你希望通过自己的行为让每个人都感到舒适。

将善良作为一种品格优势

在几千年的进化过程中,如果没有人们彼此之间的互助,我们的祖先将无法存活下来,与群体分离的个体将注定死亡。善良延续并促进了社会的欣欣向荣。做好事或者说"行善举",以一种积极的方式把人们团结在一起。

积极感受会增加善良行为的可能性,因为它们能帮助我们关注身边的人,以及我们的共同点。我们与他人有越多的共同点,我们就越有可能以一种善良和富有恻隐之心的方式行事。

善良是一种可传染的亲社会行为。即使是亲眼目睹一件善举也能增进你的幸福感,这种体验如此强烈,甚至点燃了你做出同样善行的愿望。善良的行为和富有恻隐之心的经历带给我们安慰和信心,让我们知道自己生活在一个人们彼此都有善意的世界里。善良的行为影响着你的自我意识,即你对自己的看法。善良之心可以让人们彼此尊重和行善。

帮助他人可以改善我们的身体状况和心理状况,善良的行为深深植根于我们的生物本能。为某人提供情感上的支持、安抚,向需要帮助的人伸出援手,以及做出富有恻隐之心的行为,都会让我们的大脑感到幸福。例如,为别人提供经济支持,可能比花钱在自己身上更能提高你的幸福感。

人们在工作或学习团队中有过帮助他人的体验,就更有可能在其他情境中帮助他人。这是因为他们是善良和富有恻隐之心的团体的一分子。例如,在幼儿园和学校,有很多机会可以通过帮助他人的体验来改变整个社区,使之形成一种更有恻隐之心和社区意识的文化氛围。通过见证

See the Good!
看见好品格

这些善良和富有恻隐之心的行为教会孩子们善良，比传统的说教式方式如"你必须表现得善良"要有效得多。对于一个孩子来说，在成长早期接触善行，感受帮助别人是多么美好，这种经历很重要。当孩子做好事时，不仅因为善良的事情本身，还因为善良的品格得到积极的正向反馈时，善良的行为就自然而然成了他们自身行为的组成部分。这种积极的正向反馈会特别有助于他们品格的发展，成为突出的正面信息。

如何培养善良优势

- 思考如何在自己的生活里多做好事。把每日多做好事作为目标，对陌生人也如此。
- 研究表明，将你拥有的点滴之物分享给他人，是增加幸福感的行为之一。自愿赠予的感觉最为美好，那是你可以公开展示慷慨和自主的时刻。作为友善行为之一，赠予也是很重要的，因为它提供了社交的机会。
- 练习倾听。积极、尊重地倾听他人。提醒孩子他们有两只耳朵和一张嘴。倾听是一种技能，是真正的善良的表现，传递的信息是"我和你在一起"。
- 鼓励孩子欣赏他人的技能和才华。
- 鼓励儿童青少年安慰和帮助有需要的人。
- 在实践中通过行为和语言表达善意。感谢他人，有意识地寻找他人的优点。

> 完成练习,把你的善良鸦贴在这里吧

练一练

与孩子一起讨论关于善良的话题。
- 善良的含义是什么?
- 什么样的行为被称为善举?
- 你每天都能做哪些小小的善举?
- 为什么善良如此重要?
- 同理心是什么意思?恻隐之心呢?
- 为什么善待自己很重要?
- 一个人太过善良,结果会是什么?

练习 1

围坐成一个圈,拿一个柔软的物体,比如一团毛线或柔软的玩具,把它扔给别人,一次扔给一个人,然后对这个人说一句关于他的美妙且可爱的话,让所有人都能听见。

练习 2

围坐成一个圈,每个人都把自己的椅子转过来,背对着其他人。对背对着你的同学说一些积极的话,比如描述他们的优势和最佳表现。在课程结束时,想想这些友善的话语(友善的行为)是如何影响你的,以及听到它是什么样的感觉。

练习 3

让一名孩子背对黑板而坐,而小组里的其他孩子在黑板上各写一句关于这个孩子的友善的话。当所有人都写好了，让这名孩子回头去看其他人写了什么。可以拍一张照片，打印出来作为每个孩子的纪念品。

练习 4

用一周时间无须刻意地做一些善举，这些行为能对你自身的健康产生非常迅速的影响，并且这个练习是很容易完成的。你需要做的就是开始做好事，并把这作为日常生活的一部分。例如，每天为他人做 5 件好事。这些好事的形式要多样是很重要的，研究表明，如果日复一日地对同一个人做同样的好事，这种行为就没有那么有效了。最后，记录你对他人所做的好事，你是如何做的，以及这种好事是否有影响。记录并进行深入思考，可以增强本练习的效果。

练习 5

在一周的开始，让孩子制作自己的思维导图，比如起草一份计划，说明他在一周中能做的好事。也可以制作"需求"海报，写下他计划做什么样的好事。也可以通过制作"我目睹了一件善事"或"我发现你在做善事"为主题的便签广而告之。每个人都有一些便签，可以填写姓名和好事的内容。在这一周里，在孩子们目睹了善良的行为后，记录下来，并把这些便签发给大家看。

练习 6

这个练习的目的是用善意"感染"他人，然后考察善意对群体的影响。你可以在家庭内这样做，让家庭成员用善意的行为在一周内"感染"其他人，然后考察全家的善意有没有受到影响。善良有感染力吗？

练习 7

寻找他人的优点,并大声说出来。这是发现品格优势的善举!

在家里贴上 5 张海报,分别代表 5 个主题:

1. 家

2. 学校

3. 朋友

4. 课间

5. 爱好

向孩子分发包含其中一个主题的便签,并让孩子找到相应的海报,提出在该主题做好事的 3 种方法。把好事想法写下来,然后交换地点。最后,一起讨论每个主题的好事想法,并计划如何实施这些想法。

练习 8

练习善待自己。为什么这很重要?你会对自己太苛刻和自我谴责吗?你每天对自己能做哪些好事?我们通常对朋友展现恻隐之心,安慰他们。即使朋友犯了错误,我们也会鼓励他们,为他们打气加油。那我们为什么对自己这么苛刻?责备和折磨自己只会增加负面情绪和压力,把你和别人隔离开来。善待自己的最好方法是富有恻隐之心和理解。我们每个人都应该像对待最好的朋友一样对待自己;以平常心、耐心和宽厚的恻隐之心对待自己。这样做的最好方法是发展积极的内部语言。

Part 3
第三部分

Practice Character Strengths

践行品格优势

See the Good!
看见好品格

注重品格优势的实践

考虑到每个人的独特品质,在培养品格优势时应提供解决方案和积极策略,而不是施加诸多限制,这对于积极心理学的实践至关重要。如果说传统的教育方式是朝着预定的理想前进,那么积极品格塑造的目标就是帮助人们发挥最大的潜能。尼尔·梅尔森(Neal Mayerson)(Linkins, Niemiec, Gillham & Mayerson, 2015)将传统方法比作泥塑,因为预期的结果是已经提前确定的;而另一种追求理想品格的方法更像是培育种子的过程——每一个个体独有的特征都存在于一粒种子中,种子成长后如何开出绚烂的花朵,则取决于它的生长环境。每个人的品格都有优秀之处,需要被发现、被打磨使其闪烁,发出特有的光泽(Peterson & Park, 2009),发现美好无疑是积极养育的重要基础。

所有人都想拥有美好而有意义的生活,这应当是每个人的权利。对儿童尤其如此,我们应该确保孩子们在成长早期就能开启美好且有意义的生活。无论在家里,在学校,或是和朋友一起时,没有哪个孩子不想获得亲密的关系、被接纳和尊重。基本需求得不到满足、充满关爱的感情关系失败、屡次遭到拒绝等挫折，很容易导致不良行为和恶性循环。

认识到品格优势并以此为基础，为获得自信和成功经验开辟了一条道路。以品格优势为重点的教育，提供了跨文化的"心灵成长"框架和一种共通的语言，帮助我们了解自身品格优势的整体性和功能性，并看到自己最好的一面。

在英国，加强儿童品格培养是该国教育部 2015 年的主要目标。在芬兰，品格优势教育已经在许多地区被普及，并被纳入教学大纲（芬兰国家教育局，2014）。

"基础教育应支持每一个孩子的发展，使他们追求真、善、美、正义与和平。接受过教育的人会努力做正确的事，重视自己、他人和环境，还会追求自律，并对自己的个人发展和身心健康负责。"

很显然品格优势教学的需求是在日渐增长的。但具体如何实施，则取决于所在地区的教育决策，并最终取决于各个学校的教学方案。

芬兰国家教学大纲的出发点是好的，但它并未明确指出开展品格优势技能的教学。所有其他知识和技能的学习都是以这些品格优势能力为基础的。另外，国家教学大纲对基础教育的任务描述还包括："基础教育鼓励孩子发现个人的优势，并通过学习创设自己的未来"（芬兰国家教育局，2014）。

See the Good!
看见好品格

把品格优势运用到日常生活是重中之重。这意味着通过调整我们的思维及想法、语言和行为来逐渐改变我们的日常习惯。其中第一步就是改变我们的态度。这就需要我们意识到自己的思维模式（mindset）。例如，我们可以主动练习用积极的方式取代消极的行为。为实现这一点，首先要了解自己的想法，如果它们是负面的，要了解可能会带来哪些后果。我们的大脑会不断产生新的想法，其中许多是消极和负面的，而放弃这些想法往往需要更多的努力，甚至在许多情况下，这些努力会适得其反。建议你从一个局外人的角度审视自己的想法，并适当加入幽默的元素，让自己从消极中走出来。一个教育者应该经常与自己进行这种对话，在获得个人持续幸福的同时，也能启发他人。

根据凯斯（2005）的观点，持续幸福感建构了人们的身心健康，它包含3个不同方面。

1. 情感健康

对生活感到乐观。能很好地调剂和平衡积极的感受与消极的感受。对生活的各个方面都很满意。拥有情绪智力[1]去应对生活中的负面事件。

---

[1] 情绪智力指个体监控自己及他人的情绪和情感，并识别、利用这些信息指导自己的思想和行为的能力。

2. 社会关系健康

在生活中拥有积极且有意义的关系。你在群体中感受到尊重和有归属感。你能够接受不同的人，并且觉得自己的行为对集体有意义。

3. 心理健康

你能自我接纳，并且知道自己的优势。你敢于面对挑战，发挥自己的潜能。你的生活是有意义的，你独立自主，可以按照自己的信念生活。

为获得持续幸福感，上述三个方面的身心健康都必不可少。因此，需要有意识地在学校里引导孩子们获得这三个方面的身心健康，比如提出一些有意义的问题："我是谁？""我的优势是什么？""我和他人在一起时，怎么做可以感觉更好？""我怎样才能帮助别人？"持续幸福感既有快乐主义的成分，也有意义和目标的成分。快乐主义的幸福感包括好的感受，有意义和目标的幸福感包括感受到重要性和胜任的体验。持续幸福是"感觉好"的快乐主义和"我很棒"的才能体现的结合（Huppert & So, 2013）。快乐主义的持续幸福感意味着对过去和现在拥有好的感受和体验，以及对未来和对自己处理各种感受的能力持乐观态度；有意义和目标的持续幸福感是要传授良好的品格技能，使孩子掌握知识和优势技能，无论在顺境、逆境还是日常生活里，都能过好自己的一生。这意味着寻找到生命的意义，进而更加热爱生活。

See the Good!
看见好品格

这种持续幸福感可以表现在学校生活中的很多层面上。有持续幸福感的孩子自得其乐，广交朋友。他们觉得可以为他人做些什么，与此同时实现自己的目标。有持续幸福感的老师能在工作中发现自己的重要性，了解自己的优势，感觉自己是学校的重要组成部分；有持续幸福感的班级让人感觉舒适，因为班上的每个成员都同等重要，大家和睦共处，并接纳自己。这样的班级无疑是热爱学习、积极参与活动的；在有持续幸福感的学校里，大家都能得到尊重，在合作中富有同理心。这样的学校具有强大的凝聚力，大家都意识到每个成员都可以为学校的持续幸福感作出贡献。有持续幸福感的学校培育且重视积极的互动。

然而，追求持续幸福感并非是登月计划或一夜之间就能发生翻天覆地的改变，更重要的是注重过程，并且相信改变会发生，静待花开，做一些小的改变，并观察过程中发生的积极的、意料之外的事件。记忆是有选择性的，选择去关注你生活中的正面事例，这对你的身心健康至关重要。

特殊学习者的特殊福利

在学业上没有优势的孩子从基于品格优势的教育中受益最多。伊尔卡·尼尼洛托（Ilkka Niiniluoto）教授在其著作《美好生活哲学》(Philosophy of Good Life, 2015) 中写道：

> "在特殊教育中，目标包括在成长过程中参与工作与生活、防止被排斥、成为社会中独立平等的一员。获得认可和成功的经历很重要。"

传统上，特殊教育需求建立在对相关孩子能力和特点的衡量之上。通常情况下，与平均成绩水平相差甚远的孩子将接受特殊教育。但这种"与平均成绩水平"相差甚远的判断有可能是通过几个不同的考察点确定的，并有大量关于其学习能力薄弱的档案文件做支持。于是，儿童和身边的成年人都会收到关于孩子大量弱点的具体信息，这样做的本意是提

See the Good!
看见好品格

供帮助，但却可能导致事与愿违的结果。负面评价对那些学习困难的孩子而言，会更加重他们的心理负担。

研究表明，儿童作为学习者的自我形象是在早期教育中形成的，而父母期望的形成则是基于他们早期学习的结果（Onatsu-Arvilommi & Nurmi, 2000）。由多位专家参与的针对某个儿童召开的问题分析会议❶，或许是这个孩子以及全家人整个学期里最可怕的经历。因此，家长不再愿意参加以后的会议。在这些问题分析会议上，大家往往更关注孩子的问题和缺点，偶尔会有人提到这个孩子热爱运动，或者有勇气尝试新事物。当然，这些仅仅被当作讨论中的小插曲，如果孩子的这些优点不在聚光灯下，便不会被注意到。

重点是，儿童的优势没有引起我们的关注和重视。对儿童而言，我们感兴趣的是他不能做什么。以问题为中心的帮助方式，不会带来自我实现的预言，并让每个人都筋疲力尽。我们要什么，就会得到什么。而作为家长和教师的我们，是否正如彼得森和迪尔（Deal, 2011）所质疑的，正在作噩梦的守护者呢？

《特殊教育战略》（芬兰教育文化部，2007 年）由芬兰教育文化部和芬兰各大学联合制定，2011 年在芬兰正式生效。其主要目标是建立一

---

❶ 类似中国学校的家长会。——编者注

个更具包容性的学校体系,并减缓特殊需求孩子人数的增长态势。旧系统被三级支持系统所取代。其中最底层的支持即一般支持,覆盖所有孩子;强化支持的对象是一般支持无法满足需要的孩子;特别支持或第三层支持的目标对象,包括那些在学习和就学方面需要获得比强化支持更多帮助的人。支持层级之间可以实现灵活的相互转移,同时应当定期评估各级支持的合适度和相关性。

芬兰国家教育局(Finnish National Agency of Education)起草的支持行动建议(见图 3-1)描述了各层级系统可提供的支持形式,并列出了许多积极教育项目,但其中并未提到优势培养,或发挥孩子本身的积极性。为解决这个问题,我们在表格中增加了三个部分:一是贯穿所有支持领域的优势计划,二是从一个层次发展到下一个层次的身心健康计划,三是广泛的综合的教育计划(IEP)。最后这个计划包括了需要特殊支持的孩子可以选择的课程,在这些课程里,他们可以找到支持其特殊优势的实用选项。

图 3-2 是一份教育计划文档,其封面上贴有孩子照片,并标出孩子的品格优势和感受如何。个人教育计划(IEP)中列出的活动是否可以基于孩子现有优势助力孩子发展?

当我们专注于品格优势时,是有可能实现个人的持续幸福的。我们

See the Good!
看见好品格

应作出积极的判断,并作出最好的准备!当品格优势被使用时,它们也会得到进一步的发展,获得无数的新功能,帮助个体应对挫折,获得身心健康。

看见孩子优势,基于优势助力成长,制订适合个人的
优势发展成长计划

特殊支持
需制订个人教育计划
(IEP)

差异化教学 弹性分组 家校合作 学生辅导 学生福利支持
个人教育计划 辅助教学 俱乐部活动 1~9 年级上午和下午活动
辅助设施 辅助性服务 全日制特殊教育 非全日制特殊教育

强化支持
需要制订教育计划

差异化教学 弹性分组 家校合作 学生辅导 学生福利支持
教育计划 辅助教学 俱乐部活动 1、2 年级上午和下午活动
辅助设施 辅助性服务 非全日制特殊教育

一般支持
可以按需制订教育计划

差异化教学 弹性分组 家校合作 学生辅导 学生福利支持
教育计划 辅助教学 俱乐部活动 1、2 年级上午和下午活动
辅助设施 辅助性服务 非全日制特殊教育

教育描述
教育评估
广泛的综合的教育计划
促进身心健康计划

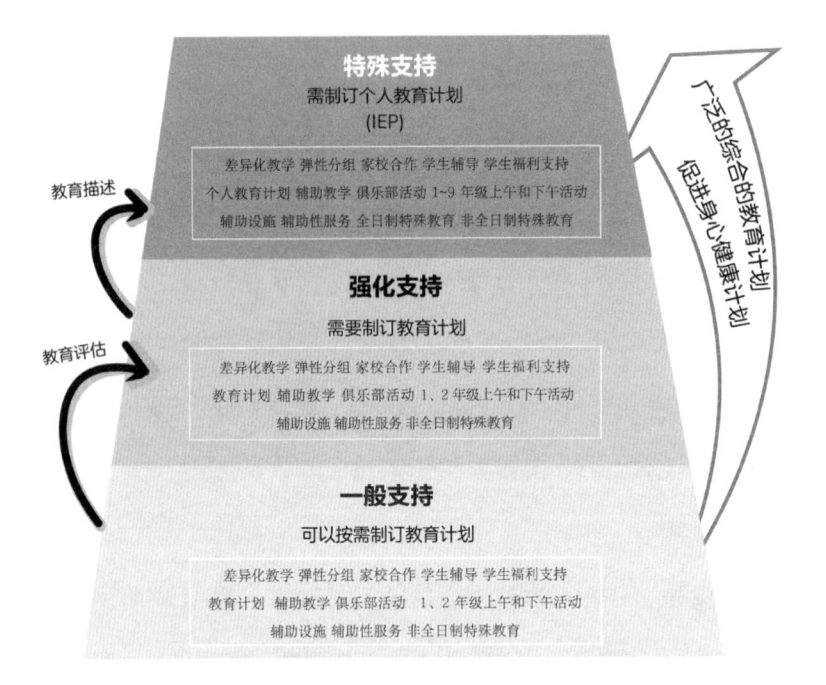

图 3-1 三级支持模式下的支持行动建议

(引自芬兰国家教育局,2009 年)

Part 3 第三部分
践行品格优势

图 3-2 孩子的现有优势区
（用于 IEP 教育文档封面）

See the Good!
看见好品格

品格优势的运用

　　品格优势教育的目的是提高使用者的自我认识，特别是识别自己优势的能力。我们通常都知道自己做不到哪些事，并且都能记得在做哪些事时出过错。然而，我们是否有能力或合适的语言讲述一个关于自己的、积极正向的故事？在芬兰文化和其他许多文化中，人们习惯于轻描淡写自己取得的成就，认为"没什么大不了的"。在联合国《世界幸福报告》中，芬兰再次被评为世界上最幸福的国家（UN, 2019），这一结果连芬兰人都感到震惊和难以置信。正如他们在《兴奋》（芬兰语书名为 *Innostus*，英文书名为 *Excitement*）一书中所说（Aalto-Setälä & Saarinen, 2014），在芬兰，迅速让自己难堪的最有效方式就是在公众面前表现兴奋。芬兰的学校经常因缺乏活力和快乐的气氛而感到困扰。我们是否可以学会公开为自己和他人的优势、成功和顺利而感到开心呢？

　　对优势的使用与身心健康息息相关。当我们回想一些顺利的情况时，在思考为什么一切都能按计划进行时，我们常常会发现，那是因为我们运用了自己最具特色的优势，即特征优势。因此，运用我们的优势来实现我们的目标，或许可以预测更幸福的生活。

当我们基于 VIA 或其他测试了解自己的特征优势后，可以思考它们是如何在我们日常生活中表现出来的。也可以将那些时刻记录下来，这样也能赋予我们更多的能量。例如，如果我们的特征优势是"爱"，可以这样表达（Niemiec，2015b）。

我爱我自己，我对自己充满关怀。

爱在我的日常生活里无处不在。在生活中，我拥抱我的孩子，我微笑，我在许多方面鼓励他们。家庭对我而言是极其重要的，我经常向最亲密的人表达爱。

我可以有意识地将我的思维引导到充满爱和同理心的微小时刻。我珍惜爱的回忆，并通过多种途径对别人更体贴。

我注意到，在工作中体现出来的爱，使我与孩子和同事的关系更加紧密了，我把这些时刻铭记在心。

我们经常同时运用自己的多种优势，单独使用一种优势的情况是很罕见的。通常，相近的优势会形成组合。例如，好奇心和对学习的热爱几乎无一例外地同时发生；而善良、细心、勇气和社会智力也可以成为我们在遇见陌生人时使用的优势组合。优势哲学的核心宗旨是通过多种方法运用特征优势，这可以通过以下的简短练习来实现。

> **练习 1**

　　如果社会智力是你的特征优势,你就可以通过每周认识一个陌生人来挑战自己。例如,第一周,和一个商店的收银员聊聊天;第二周,谈谈你同事提出的特别棒的想法;第三周,通过与邻居(邻居的母语可能是你要练习的外语或方言)交谈来提高你的新语言技能。相信孩子们会想出很好的点子!社会智力的培养是特别有益的,因为积极的交往经验能惠及每个人。

> **练习 2**

　　在不同的环境中以新的方式运用你的优势。在工作中,你也许是一个很好的团队合作者,但在家里,你是否倾向于独揽大权,自己决定所有的家庭事务?如果是这样,你从本周开始,尝试在家里运用合作技巧,以一种新的方式与所有家庭成员分担一些责任。同样,孩子们在学校或幼儿园也会表现出优异的团队合作能力,但在家里他们可能会忘记所有的公平原则。

> **练习 3**

　　选择一些休闲活动来运用你的特征优势。如果你和你的重要他人有不同的优势,可以用一天时间享受一场"优势约会"。双方都可以利用自己的优势,尝试用欣赏的眼光看待对方。当对方做自己擅长的事情和喜欢的事情时,你可能会以一种全新的眼光发现他们的优势。通过夫妻日或家庭日,让每个人都有机会运用自己的优势实现自我;还可以带着好奇、勇敢的孩子去自然历史博物馆,充分信任他们,让他们在博物馆里探索新事物;之后,可以去一家新餐馆共同就餐,多了解新美食,大胆尝试新口味;或者去看一部挑战家人幽默感的新电影；戴上"优势眼镜"欣赏家人，看到他们的闪光点。在这些时刻，当你看到你所爱的人运用他们最好的品质实现自我时，是否会心怀喜悦？是否有从未留意过的新的发现？

> **练习4**

运用你的优势应对你面临的任何困难和挑战。例如，当你骑车去上班时突遇暴风雪，但在"坚毅"优势的帮助下，你仍能及时赶到，这时就要感谢你用"坚毅"这一特征优势完成行程；如果你在上班途中遇到了交通堵塞，或许可以使用"感恩"这一特征优势，为拥有一份工作而感恩；如果你的社交能力不错，那就利用这种优势，给朋友打电话吧，关心关心他们的近况。

See the Good!
看见好品格

特征优势与身心健康之间的联系并不是通过发现更多的特征优势，或者运用更多的特征优势而简单形成的。更重要的是：确保你适当地运用了这些优势，有意识地思考如何更好利用优势的可能性。在工作日，人们很少使用自己的优势。例行公事令人十分疲倦，且经常陷入反复做同一件事导致的困难中。这时你就可以思考一下自己的特征优势了。你可以大声询问自己："创造力在这里能做什么？"面对挑战的犹豫和恐惧往往是由我们的特征优势表现不佳造成的，因为我们根本没有使用或没有以正确的方式使用它们。当然，在某些情况下，也存在过度使用优势的问题。很容易想象，过度使用诚实、幽默或谨慎会造成什么样的麻烦。或者，就像凯萨的一个孩子曾在课后开的玩笑："嘿，有时候你的兴奋有点吓人！"

因此，我们要有意识地正确运用优势。什么时候我们会感觉一切都很顺利，优势让我们充满活力？在什么情况下，我们为自己的所作所为和成就感到自豪？作为优势观察者，我们可以在这些时刻问自己："现在一切都很顺利，我在使用哪种优势？"或者有意识地关注那些困难的时刻，并思考："我现在忽略了哪种优势，还是我过度使用了哪种优势？"通常，磨练我们的特征优势往往比单纯地激活我们的成长优势或弥补我们的弱点有更好的效果。塑造自己的长处更令人欣慰——当我们通过磨练优势而变得强大时，即使别人批评我们，我们也不会过度防御。这样的锻炼方式尤其适用于那些曾反复接受负面反馈的儿童。对优势的运用进行反思，这是积极教育的一个重要组成部分，它能增强我们应对最特殊情况的信心。

请牢记三个重要时刻

1. 当一切顺利的时候 —— 我用的是什么优势?

2. 当优势运用机会太少,并且犹豫不决时—— 我该怎么办?可以从我的优势工具箱里选择哪些优势?

3. 当事情本不必如此不顺利的时候 —— 我过度使用了哪种优势?

See the Good!
看见好品格

整合品格优势训练：给教师

  以品格优势为重点的教学可以培养孩子的积极性。我们不能说这种教学法尤其适合哪一门学科。毕竟，作为一种多元的教育理念，品格优势训练适合各种各样的课程。作为教师，你可以每周进行 1 小时的品格优势教学，也可以将它贯穿课程的始终。无论是按课时还是按单元，有许多方式可以将品格优势训练整合到每门学科中。建议与孩子一起思考这个问题：不同的科目是否需要不同的特殊优势，或者学习某个科目是否会发展出特定优势，或者让孩子们自己思考，如何在不同的科目中发挥自己的优势？有没有一门学科需要大量额外的能量优势？

在语言课上开展品格优势训练

  "学科教师有很多孩子，每个班都形成了不同的群体气氛。教学重点应放在所教的科目、孩子的认知技能、未来的考试和学业成绩上。我们希望并期望孩子做好本职，成绩良好，但这样做很容易错过每项课堂活动的背景和深度,而且并未把孩子看成一个独立个体。"

埃莉娜·帕西拉(Elina Paatsila),英语和法语教师

  埃莉娜·帕西拉在自己的小学英语(芬兰学校课程中的第一外语)课上开展了品格优势训练,初步效果非常不错。在语言课堂上,你需要各种各样的品格优势来支持认知技能的发展和课堂的参与;在课堂外的现实生活中使用外语时,就更要如此了。你需要"勇气"去使用外语,需要"创造力"去寻找不同的表达方式,需要"坚毅"去练习和学习难懂的内容,需要"自律"去专心学习,需要"团队精神"才能顺利地与他人合作。发挥优势有助于培养具备不同优势品格的学习者,这也是一个跨文化的主题。如此安排课堂活动是很有用的,可以令每个人都能在学校发挥自己的优势,并且在安全的氛围下更多地练习和运用自己的优势。

  帕西拉选择了13个特别适合支持语言学习的品格优势。运用这些优势会提升课堂活动的参与、学习技能、小组氛围,从而影响学习的效果。在学期安排上,将诸如坚毅、勇气和情绪智力等品格优势的学习与学科一起教授。语言是互动的工具,语言课程是从文化和人类角度思考互动问题的绝佳机会。不同的文化和语言在社交场合有不同的表现,和人打招呼、闲聊以及说话的语调也各不相同。然而,在不同的文化中,也有一些人类的共同价值观念,这些价值观念所表现出来的品格优势还会反过来支撑这些价值观念。善良、公平、爱、恻隐之心和社会智力是应该

See the Good!
看见好品格

始终得到支持的品格优势。因此，我们可以使用"社交语言技能"而不是"口头语言技能"，这样它就涵盖了在更深层次上使用语言的互动维度。

帕西拉观察到，将品格优势带入课堂可以激励孩子，创造积极和令人鼓舞的氛围，改善课堂学习环境，拉近孩子与老师的关系。她相信，通过这种方式，孩子会觉得自己作为一个独立个体被更多地看到和认可。基于优势的教学可以提升孩子课堂内外的主观能动性，为孩子提供了发展工作技能和团队合作技能的工具，从而更全面地促进孩子对学科主题内容的学习和消化。

根据帕西拉的说法，学校可以尝试将这些支持元素引入学校的评分系统中。目前芬兰学校的评分系统缺乏可以提供关于孩子的坚毅、创造力或好学的任何信息，也没有促进孩子的学习或鼓励孩子去尝试。支持孩子的整体发展和品格优势非常重要，这不仅是为了他们的身心健康，也是为了他们的学习能力和未来。在帕西拉的课程中，以多种方式将坚毅、勇气和情绪智力的练习与学科联系在一起，这时就需要充分发挥老师们的想象力，开发出更多的材料和活动进行优势的教学和练习。

此外，帕西拉的课程还包括让孩子能够运用不同优势的活动。这些活动包括功能性游戏（创造力、热情、好奇心、勇气、坚毅、情绪智力、幽默、自律、公平）；口头练习，比如对话和角色扮演（勇气、社会智力、创造力）；书面练习（坚毅、自律、好奇心、好学、希望、谨慎）；结对和团队合作（善良、公平、社会智力）等，还可以结合电子学习资料的辅助。在开始了解一种新的"地域文化"时，你需要拓展视角，并把自己置于"当地人"的位置上。

帕西拉说，"所有这些都是熟悉的教育目标，唯一改变的是优势的使用外显化了，并用语言表达了出来。这种变化发生在教师的思维方式和语言上，也发生在课堂上展示的与品格优势相关的材料；另一个明显的变化是，不同类型的练习以不同的方式在课堂上被使用，这样每个孩子都可以在课堂上发挥自己的优势。下课后，孩子们可以把他们使用的优势写在优势板上，我们不仅关注成功本身，同时也关注孩子的学习过程和最终结果。充分发挥个体优势对学习一门新的语言至关重要。"

课堂活动清单 3-1

秘密朋友

每个孩子都会得到一个秘密朋友,并在一周内观察这个秘密朋友的行为和优势的运用。孩子们为这位朋友制作一张卡片,列出观察到的优势和具体用法。最后,这些卡片会在课堂上分发,带领孩子们玩"猜猜我是谁"的游戏。具体方式是,由其中一名孩子描述这位秘密朋友的优势,其他孩子则试着猜猜他是谁。最后,秘密朋友会得到这张卡片作为纪念品。

给未来自己的信

孩子们想象自己可能的最好未来,并思考他们实现目标所需要的优势。此活动适合学习语言的将来时态时使用。

做得棒的事

启发孩子思考一个对他们个人而言很重要的成就,思考他们用了哪些优势来实现他们的目标。适合学习语言的过去时态时使用。

拍照

将课堂活动拍摄下来,让孩子们组成小组来思考在图片所示的情境中他们各自使用了哪些优势。同时,他们可以通过解释每幅图画中发生的事情来练习语言的现在进行时态。

挑选你需要的优势

在教室门口贴一个布告栏，用便签贴写上各种各样的优势。孩子挑选出自己最需要的优势，或最想练习的优势。在课程结束时，由孩子们讲述他们是如何运用这种优势的。

角色扮演

老师准备角色扮演游戏。每个参与者都会得到一张卡片，上面写着他们在角色扮演练习中要用到的优势。

你很棒，因为……

一名孩子背对白板站立，闭上眼睛。其他人在白板上写下该名孩子的优点。老师用相机记录下最终结果，并将照片贴在墙上。最后，每个孩子都会得到他们的照片作为纪念品。

视频

制作一个视频，让每个孩子谈论他们的优势，并描述他们运用这些优势的情境。另外，让每一个孩子都通过描述另一名同学的优势和积极的品质来介绍他们。

课堂活动清单 3-2

艺术和工艺课

描绘孩子轮廓

将光投射到一块板上,描下孩子的轮廓,然后在轮廓内写出该名孩子的特征优势。

让孩子画下自己的手

在每一根手指上写下自己的一项特征优势,在手腕上列出成长优势,在手掌区域内用一句话来描述他们如何使用其中一种特征优势。

让孩子画下他们的手,并在手掌区域写下"爱"或"恻隐之心"。孩子可以思考,然后在每根手指上写出可以亲手为他人去做或做过的、表示同理心或爱的行为——例如,手可以给人安慰、可以从地板上拿起铅笔、打开门、拍拍背部以示鼓励、递物、轻抚等。

每个人描述一个"超级优势英雄"

你的超级英雄是什么样子?他们的超级力量是什么?超级英雄如何让世界变得更好?

创建特别的云彩

云彩里面写满特征优势的词汇。在网上有很多类似的应用软件可供借鉴。

创造一个优势花园

每个孩子的特征优势构成花朵的花瓣，成长优势构成花朵下面的绿叶。你的班级会呈现怎样一朵满是优势的灿烂花朵呢？

拍摄

每个孩子用相机或手机拍摄他们自己在生活中表现出的特征优势。勇气在我的日常生活中意味着什么？什么样的图片代表我的自律？每个孩子用自己的照片创建拼贴画，描述他们日常活动中的优势，老师可以将图片打印出来展示。

在学校漫步时，拍摄学校校园里出现的不同优势行为的照片。为每张照片配上优势词，比如"这是勇气"。

如果你在集体出游时拍了照片，可以想想每张照片中的品格优势。用优势词描绘那些照片，为你的教室制作一张小海报。

开展关于优势的小组活动

了解每个小组成员的优势，并为他们的第一优势拍张照片。这种优势看起来怎么样？使用它的感觉如何？创建这些照片组成的拼贴画。

为你的家人画一棵优势树

在树上绘制出每个家庭成员的图片，并列出每个人的优势，用不同的方法展示每种优势。

优势运动衫

每个孩子都展示一件背面印有自己名字和特征优势的运动衫。看，你们的班上有多么优秀的团队。

手工课

制作优势词徽章或彩色纸卡，并组织优势测试周，分发这些徽章或彩色纸卡。

做一件 T 恤，在背面印上特征优势词汇。

英语课或母语课

练习 1

给自己写一封来自未来的信。描述在接下来的 10 年里，如何运用自己的优势。那时，你过着怎样的生活，你取得了什么成就？用"最棒的我"为标题，写下自己的优势。

练习 2

写下关于使用不同优势的承诺。"我承诺坚持下去，为了……"

练习 3

注意在故事中出现的不同优势，并考虑故事人物可能有待发展的优势，或故事人物（尤其是主角），在故事过程中发展出来的优势。

练习 4

仔细查找报纸和互联网上的新闻，并在其中发现优势词。

从优势的角度写下关于自己的新闻，比如关于勇气、感激、恻隐之心等。

> 练习 5

写一个虚构的故事，讲述某一天中故事的主角运用了全部 26 种优势。

> 练习 6

写一封感谢信给你想感谢的人。

> 练习 7

制作鼓舞人心的海报，描绘鼓励使用优势的口号。

> 练习 8

有哪些事情进展顺利？每天至少写出 3 个成功案例，并为全班创建一个成功树。

> 练习 9

写下每天与他人的积极互动，把这些称为"暖心时刻"。试着每天至少有 3 次和别人一起欢笑，分享积极的感受。

历史课

> 练习 1

思考历史故事中体现出了哪种核心优势。在不同的时代，优势和对优势的欣赏是如何表现出来的？

> 练习 2

不同的人是如何在生活中取得成功的，他们特别用到了什么样的优势？

> 练习 3

在某种情况下,哪些优势使用得过多或太少?

> 练习 4

为什么品格优势能流传千古?为什么它们在人类进化早期是重要的,在今天仍然如此重要?

> 练习 5

你预测哪些优势在未来会特别有用?

> 练习 6

如果每个人都努力履行这样一项共识,即美德和优势对个人和与他人的关系至关重要,那么人类的未来会是什么样子?

体育课

> 练习 1

根据每个人的优势创建不同的小组。思考如何根据每个人的优势组建一个有效的团队。

> 练习 2

运用什么优势可以让团队合作成功且增进团队成员之间的合作?

练习 3

不同的优势如何在公平竞争中显现出来？在冲突中你需要用到什么样的优势？

练习 4

你想对何种优势的使用者给予"公平竞争牌"的奖励吗？

练习 5

规划一条有趣的健身路线，每个站点都以优势命名，并在此站点使用这一特定优势。什么样的站点适合"勇气""坚持不懈"或"善良"？

练习 6

为什么体育运动特别强调心理韧性和坚毅？为健身站点设计一项"坚毅挑战"。

课堂活动清单 3-3：PERMA 模型

以塞利格曼 (2011) PERMA 模型的五个支柱为基础，完成与每个支柱相关的练习。

P—积极的情绪（Positive emotion）

在白板上写下不同的积极情绪词，如喜悦、感激、热情、灵感、自豪、兴趣、好奇、希望。想一想你最近感受到这些情绪是什么时候，并试着记住这种感受。是什么让你有这种感觉？你在哪里？你和谁在一起？你在做什么？感觉怎么样？努力寻找积极的感受。想想今天感到顺利的 3 件事，思考这些事的顺利开展对你意味着什么？为什么会发生这种好事？你怎样才能在未来遇见更多这样美好的事情？

E—投入（Engagement）

想想是什么让你沉浸其中，或者处于一种心流状态。你用何种优势时，最容易达到这种心流状态？

R—关系（Relationship）

想想对你而言最珍贵的人。想想当他们告诉你消息或其他事情时，你的反应。你的反应是建设性的、积极的还是被动的？或者你的反应方式是有建设性的还是有破坏性的？

M—意义（Meaning）

我们的生活在我们自己之外有更大的意义。有意义的经历对一个人的身心健康有着保护性的、增加希望的作用。想象一下，你想在自己的讣告上写些什么。考虑到孩子的年龄，我们可以在这个有些沉重的主题上加一点幽默的元素："安息吧，你兴奋、勇敢、爱美的悸动之心"。什么事情对你来说是真正重要的，让你觉得自己的一生过得有价值？你希望其他人记住你的什么优点？

A—成就（Accomplishment）

代表胜利、成功和巅峰。这涉及建立自信，以及你对将来能做什么和可能发生什么的信心。你未来想要达到什么样的目标？谁能帮助和支持你？

See the Good!
看见好品格

将优势教育融入日常：给家长

去相信！ 相信你所做的，树立一个好榜样。将詹姆斯·鲍德温（James Baldwin）的智慧体现在你的行为中："孩子们向来不善于听从长辈，但他们从未缺少对长辈的模仿。"孩子们或许会忘记你对他们说的话，忘记你教他们的事，但永远不会忘记你给他们的感受。

去识别！ 识别你在做什么。语言创造意义，语言的力量难以置信。识别那些日常发生的事情并赋予它们意义。每天使用优势词。在每天开始时，告诉孩子对他们有什么期望，以及某项活动需要什么优势。问问并告诉孩子们某种优势是如何在他们的行为中表现出来的，以及如何实现对这种优势的自觉运用。晚饭后，向孩子们反馈你在他们身上看到了什么，以及他们使用了什么优势。鼓励他们发展一种尚未具备、但在学校或学科学习时必需的优势。例如，当数学课上开始练习一项新技能时，告诉孩子学习这项技能需要坚持不懈，并向他们解释——坚持不懈表现在坚持不放弃。让孩子们知道，这样做他们可以"一石二鸟"，不仅能学习一种新的数学技能，还能发展他们的品格优势。

去发现！ 发现日常生活中重要而有意义的时刻。从日常故事和行为里总结表现出不同品格优势的例子，与孩子们分享，让他们意识到发生在自己和其他人身上的同样事例。

去感受！ 给自己和孩子机会，感受利用优势和专注的积极力量，以及它们带来的所有积极影响。

去让它成为常态！ 将优势教育融入生活和其他教育中，让它成为你的日常。

去鼓励！ 当你看到孩子们运用和发展自身的品格优势，满怀希望并不断成长，请给予他们积极的反馈吧。

重点强调！ 定期观察并强调孩子们在积极运用品格优势方面的成长。

* 本书插画:[芬兰]伊娜·玛雅涅米(Ina Majaniemi)

原文书名：See the Good! How to guide children and adolescents to find their character strengths

原作者名：Lotta Uusitalo & Kaisa Vuorinen

© Authors and Positive Learning Ltd., 2019

本书中文简体版经 Positive Learning Ltd. 授权，由中国纺织出版社有限公司独家出版发行。本书内容未经出版者书面许可，不得以任何方式或任何手段复制、转载或刊登。

著作权合同登记号：图字：01-2023-5679

图书在版编目（CIP）数据

看见好品格：培养有持续幸福力的孩子 /（芬）洛塔·乌西塔洛（Lotta Uusitalo），（芬）凯萨·沃瑞宁（Kaisa Vuorinen）著；杨静，牛双红译 . -- 北京：中国纺织出版社有限公司，2024.6

书名原文：See the Good! How to guide children and adolescents to find their character strengths

ISBN 978-7-5229-1599-9

Ⅰ.①看… Ⅱ.①洛… ②凯… ③杨… ④牛… Ⅲ.①儿童心理学-教育心理学 Ⅳ.①G44

中国国家版本馆CIP数据核字（2024）第067022号

责任编辑：关雪菁 王 羽 责任校对：江思飞
责任印制：王艳丽

中国纺织出版社有限公司出版发行
地址：北京市朝阳区百子湾东里A407号楼 邮政编码：100124
销售电话：010—67004422 传真：010—87155801
http://www.c-textilep.com
中国纺织出版社天猫旗舰店
官方微博 http://weibo.com/2119887771
北京华联印刷有限公司印刷 各地新华书店经销
2024年6月第1版第1次印刷
开本：787×1092 1/32 印张：7.625
字数：135千字 定价：68.00元

凡购本书，如有缺页、倒页、脱页，由本社图书营销中心调换